한국외국어대학교 국제지역연구센터 **8**
HK+국가전략사업단 지역인문학 총서

북방연구 시리즈: 우리에게 북방은 무엇인가

한반도 지정학 프로세스와
문화 허브로의 길

윤지환

현 한국외국어대학교 국제지역연구센터 HK+국가전략사업단 연구교수.
미국 테네시 주립대학 지리학과 졸업(박사).
저서로는 「When memoryscapes move: 'Comfort Women' memorials as transnational」이
있으며 논문으로는 "익선동 한옥거리의 변증법적 공간 해석과 젠트리피케이션의 시사점
모색", "한반도-북방 관계성 이해를 위한 공간인식 정립의 소고", "기억의 선택적 재현과
다중적 기억 해석을 둘러싼 갈등: 일본 메이지 산업혁명 유산 유네스코 등재를 중심으
로" 등 다수.

E-mail: amyjh07@hufs.ac.kr

한반도 지정학 프로세스와
문화 허브로의 길

초판인쇄 2021년 12월 31일
초판발행 2021년 12월 31일

지은이 윤지환
펴낸이 채종준
펴낸곳 한국학술정보㈜
주 소 경기도 파주시 회동길 230(문발동)
전 화 031) 908-3181(대표)
팩 스 031) 908-3189
홈페이지 http://ebook.kstudy.com
E-mail 출판사업부 publish@kstudy.com
출판신고 2003년 9월25일 제406-2003-000012호

ISBN 979-11-6801-319-3 95340(e-book)
ISBN(세트) 979-11-6801-311-7 (전 10권)

한국외국어대학교 국제지역연구센터 **8**
HK+국가전략사업단 지역인문학 총서

북방연구 시리즈: 우리에게 북방은 무엇인가

한반도 지정학 프로세스와
문화 허브로의 길

윤지환 지음

본서는 2021년 8월 31일부터 10월 26일까지 8주에 걸쳐 매주 화요일 디지털타임스에 연재된 내용들을 정리한 것임을 밝힙니다.

이 책은 2020년 대한민국 교육부와 한국연구재단의 지원을 받아 수행된 연구임(NRF-2020S1A6A3A04064633)

북방연구 시리즈:
우리에게 북방은 무엇인가?

　본 북방연구 시리즈는 한국외국어대학교 국제지역연구센터 HK+국가전략사업단의 "초국적 협력과 소통의 모색: 통일 환경 조성을 위한 북방 문화 접점 확인과 문화 허브의 구축"이라는 아젠다의 2년차 연구 성과를 담고 있다. 총 10권의 책들로 구성되어 있는 시리즈는 아젠다 소주제의 하나인 '우리에게 북방은 무엇인가'라는 질문에 대한 연구진의 답변으로, 2021년 한 해 동안 일간 디지털타임스에 매주 '북방문화와 맥을 잇다'라는 주제로 연재됐던 칼럼들을 기초로 작성되었으며 아래 세 가지에 주안점을 두고 집필하였다.

　첫째, 간결하고 평이한 문체를 사용하고자 노력하였다. 사업단의 연구내용을 관련 분야에 종사하는 연구자 및 전문가는 물론 일반대중과 학생들도 쉽게 읽고 이해할 수 있기를 바란다.

둘째, '우리에게 북방은 무엇인가?'라는 질문에 답하는 과정에서 가능한 다양한 시각을 포괄하고자 노력하였다. 정치와 외교, 국가전략, 지리, 역사, 문화 등 다양한 입장에서 살펴본 북방의 의미를 독자 대중이 쉽게 이해할 수 있기를 바란다.

셋째, 통일이라는 목적성을 견지하면서 북방과의 초국적 협력 및 소통이 종국적으로 한반도와 통일 환경에 미칠 영향에 대해 다양한 시각으로 접근하였다.

통일은 남과 북의 합의는 물론 주변국과 국제사회의 협력이 필수적인 지극히 국제적인 문제다. 그리고 북방과의 관계 진전은 성공적인 통일 환경 조성에 필수적 요소다. 본 시리즈가 북방과의 초국적 협력을 통한 한반도 통일 환경 조성에 미약하나마 기여할 수 있기를 기대한다.

2021년 12월
집필진을 대표하여
HK+국가전략사업단장 강준영

목차

01

서론

최근 대한민국은 미국과 중국의 거센 충돌이 일으키는 동아시아 정세의 위기 가운데 놓여있다. 사실 이는 국가적으로나 국민 의식적으로 상당히 신중한 선택을 매 순간 내려야 하는 상황을 제공하고 있으나 동아시아의 지정학적 변화에 대한 국내의 반응이나 논의는 미온적인 방향으로 흐르고 있다. 그동안 북한과의 체제적인 대결 구도 가운데에서 대한민국의 자유 민주주의 체제는 너무 당연하게 여겨져 왔지만 최근 중국의 부상과 국내 정치 상황의 변화는 대한민국의 사회문화적 발전에 사상적 뿌리를 제공했던 영역들의 위기를 초래하고 있다. 한반도에 존재했던 국가 중 현재의 대한민국과 같이 사회, 문화, 경제적으로 세계적인 두각을 드러낸 역사는 없었으며 우리는 이러한 성과를 이끈 원동력을 면밀하게 살펴보고 이를 지속시킬 방안을 진지하게 논의해야 한다.

해방과 한국전쟁 이후 극심한 빈곤에 처해있던 대한

민국이 그로부터 반세기를 지나 세계 10위의 경제 대국이자 영화, 대중음악, 드라마 등 문화적으로도 세계적인 주목을 받을 거라고 예상한 이는 거의 없었을 것이다. 이런 관점에서 '문화로 세계를 즐겁게 하는 일'을 소망했던 백범 김구 선생의 뜻은 깊이 생각해 볼 만하다. 어떤 희망도 보일 것 같지 않았던 1940년대 우리 민족이 겪은 어려움 속에서도 경제적인 윤택함을 우선하기보다는 문화의 힘을 강조했던 그의 생각은 한반도의 운명을 조금 더 길게 내다보면서 세계 속에서의 우리 역할을 분명하게 안내했던 혜안이었음이 분명하다.

현재 대중문화 영역을 중심으로 세계적인 인기를 누리고 있는 한국의 문화상품은 한국인이라면 누구나 자랑스러워할 요소임이 분명하다. 하지만 눈부신 경제성장과 대중문화계에서의 성공은 또한 현재 한반도가 처해있는 국제 안보상에서의 위협과 경제적 위기 요소들을 대중적으로 간과하게 만들고 있다. 문화도 결국은 경제적, 지정학적 안정을 기초로 하여 발달할 수밖에 없다는 사실을 우리는 분명히 인식해야 한다. 궁극적으로 한반도의 통일과 북방으로의 사회, 경제, 문화, 정치적 영향력의 확대는 현재까지의 대한민국이 거둔

성과만으로는 현실적인 시각에서 봤을 때 이루기 어렵다. 이 책은 대한민국이 현재의 대내외적인 위협 상황들을 뛰어넘어 확실한 통일의 조건과 문화 허브로의 길에 진입하기 위해 논의하고 생각해봐야 할 영역들은 무엇이 있는지를 살펴볼 것이다. 이러한 작업은 지금까지 대한민국이 걸어왔던 과거와 현재 상황, 미래에 예상되는 동아시아의 지정학적 조건과 무관하지 않다는 사실을 깊이 인식함으로부터 시작되어야 한다.

02

한반도는
과연 통일을 원하는가?

■ 아프가니스탄과 자유 대한민국

2021년 8월 미군이 철수하고 탈레반이 정권을 장악한 아프가니스탄은 주민들의 패닉 속에 극심한 혼란을 겪고 있다. 카불 국제공항에 한꺼번에 인파가 몰리면서 안타까운 사상자들이 속출하고 있고 미군 수송기는 정원을 훨씬 넘겼음에도 불구하고 가능한 많은 인원을 탈출시키기 위해 고군분투하고 있다. 무엇보다도 그들의 탈출 의지는 자유에 대한 절실한 갈망으로부터 비롯된다. 미군의 주둔 속에 제한적이나마 자유를 맛본 아프간인들은 이슬람 근본주의로 무장한 탈레반의 공포 정치 악몽을 두렵게 회상하는 것이다.

현재의 대한민국은 아프가니스탄과는 비교할 수 없을 정도의 자유를 누리고 있다. 하지만 공기처럼 너무 당연하게 자유를 누리고 있는 상황은 숨 쉴 수 있는 공기에 대한 감사와 사색이 없는 것처럼 우리가 자유를 얻었던 과정과 그 의미에 대해 생각하지 못하도록 만들었다. 우리도 분명 자유라는 가치를 얻기 위해 희생된 생명과 감내해야 했던 고통이 있었음에도 말이다.

그림 2-1. 미군 수송기에 매달려 탈출을 시도하려는 아프가니스탄인들 (출처 : 미국 CNBC 유튜브 채널 캡처 화면)

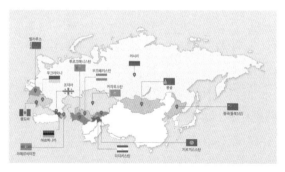

그림 2-2 신북방정책 대상 14개 국가 (출처 : 북방경제협력위원회)

한반도 지정학 프로세스와 문화 허브로의 길

한반도의 남쪽 절반만이 자유 진영에 속해 있는 대한민국은 경제적으로나 사회문화적으로 괄목할 성장을 이뤄왔다. 이를 기반으로 우리는 주변을 돌아볼 여유가 생겼으며 북방정책이라는 장기 로드맵을 차근차근 수행하고 있다. 하지만 비교적 오랜 기간 공을 들이고 있는 북방정책을 통해 대한민국은 과연 어떤 가치를 중심에 둬야 하는지에 대한 사회적인 합의는 거의 이뤄지지 않았다. 현재 신북방정책 대상 지역을 보면 아쉽게도 문화 발전의 기반이 되어야 할 경제성장과 민주화를 동시에 이룬 나라가 없다. 물론 문화 발전, 경제성장, 민주화를 측정할 절대 지표가 있는 것은 아니지만 대한민국이 이 세 영역에서 상당한 성장을 이뤘다는 점을 부인할 사람은 많지 않을 것이다. 유라시아 대륙의 동쪽 끝에 자리한 대한민국은 어찌 보면 자유와 민주주의의 마지막 보루를 형성하고 있는 셈이다. 이런 점을 고려했을 때 우리가 북방과의 관계 설정에서 어필할 수 있는 가치는 자유 민주주의를 기반으로 한 문화와 경제적 요소이다. 북방 지역 주민들은 독재와 어려운 생활 환경 속에서 무엇보다도 자유와 문화, 경제적 안정을 원할 것이다. 이러한 점에서 한국이 경험했던 경제성장과 자유 민주주의를 위한 노력은 북방

지역에 크게 어필할 수 있다. 인접한 지역이 공동의 가치를 공유하도록 협력하는 것은 우리의 안정을 위해서도 필요하다. 그리고 이는 백범 김구 선생이 <나의 소원>을 통해 밝힌 문화와 평화를 향한 포부와도 연결되어 있다.

■ 백범 김구 선생의 꿈

민족의 지도자로 존경받는 김구 선생은 백범일지에 수록된 <나의 소원>을 통해 우리나라의 완전한 자주독립과 문화, 그리고 평화의 중요성을 강조했다. 민족의 사명을 언급하면서 평화를 통한 문화 강국의 비전을 제시했던 김구 선생은 '30년이 못하여 우리 민족은 괄목상대(刮目相對)하게 될 것'을 예견하였다. 백범일지가 출간된 지 30년이 조금 더 지난 40여 년 후 '88년 서울 올림픽이 개최되면서 그의 꿈은 가시적으로 다가왔다. 만약 이를 두 눈으로 봤다면 그 또한 감격했을 것이다. 물론 올림픽이 '괄목상대'의 절대 지표는 아니지만 말이다. 이후 30년이 더 지나 한국은 뮤직비디오가 공개되자마자 수억 명이 시청하고 뉴욕 맨해튼에서 수많은 군중의 환호를 받는 가수를 배출했다. 여기까지 보면 백범 김구 선생이 꿈꿨던, '세계를 무력으로 정복'하는

것이 아닌 '문화'로 '즐겁게 살도록 하는 일'을 우리는
상당 부분 이룬 것 같다. 결코 희망적이지 않았던 일제
강점기에 이러한 꿈을 꾼 것 자체만으로도 백범 김구
선생은 존경받아 마땅하다. 그가 당시 어떠한 확신으로
이런 생각을 가졌는지가 신기할 따름이다.

■ 한반도와 지정학적 경각심의 부재

<나의 소원>은 김구 선생의 이상을 한껏 드러내면
서 우리의 비전과 미션을 보여줬다. 이를 계승할 뜻이
있다면 이제 우리는 그의 꿈과 관련하여 구체적으로
어떤 일을 해야 할지를 따져봐야 한다. 현재 대한민국
은 세계 10대 경제 대국이며, 세계 유일의 수혜국에서
공여국으로 전환한 개도국 출신의 선진국이다. 하지만
우리의 주변은 여전히 쉬운 상대들이 아니며 험난한
지정학적 여건 속에서 불안한 정세를 이어가고 있다.
역사와 영유권 문제를 두고 날을 세우고 있는 이웃 일
본은 과거와 비교해 빛이 바랬지만 여전히 우리보다
몇 배의 규모를 갖춘 세계 3위의 경제 대국이다. 중국
은 말할 것도 없이 미국과 함께 G2를 넘보는 집단으
로 성장하고 있다. 2019년 중국과 러시아의 군용기들
이 한반도 영공을 자유롭게 날아다닐 때도 대한민국은

엄격한 군사적 대응과 아쉬운 소리를 거의 하지 못했다. 우리와 DMZ를 두고 마주하고 있는 북한은 경제력이 부족하지만 핵무기를 가지고 있으며 종종 돌발행동을 통해 우리를 당혹스럽게 한다.

지정학적인 불안함 속에서도 우리는 한반도 주변의 지리적 조건을 이해하고 돌파구를 찾아야 한다. 지리는 관념이 아닌 현실이다. <나의 소원>이 관념적 희망을 자극했다면 이제는 지리를 보면서 이를 현실화시켜야 한다. 하지만 한국전쟁 이후 대륙과의 일상이 차단된 대한민국은 보편적인 지리 감각이 후퇴하고 있다. 아니, 그 이전 조선 시대부터 강력하고 폐쇄적인 중국의 통일왕조에 가로막혀 실크로드를 통한 동서 교역의 혜택이 한반도에 미치지 않았던 시점부터 한민족의 지리적 마인드는 거의 발달하지 않았다고 보는 게 나을 것이다. 스스로 중화 질서의 안정에 취해 소중화를 자청하며 국가의 발전을 고민하지 않은 결과 우리는 외세의 침략에 늘 무력했다. 지정학적 섬과 같은 위치에서 여전히 대한민국은 국제사회로부터 고립되기 쉬운 상황에 놓여있다.

휴가 기간마다 미어터지는 공항을 보면서 대한민국이 지리적으로 고립되었다는 주장은 설득력이 없어 보일 수 있다. 하지만 우리는 세상 물정에 무지함을 인정해야 한다. 지금 당장 국뽕(국가 + 히로뽕 = 무조건적 국가 찬양의 집단적 정신상태) 유튜브 콘텐츠들이 나오기만 하면 수십만의 조회수를 보장하는 현실을 보면서도 우리는 세상을 잘 알고 있다고 말할 수 없다. 한국에 관심을 가지는 세계인이 늘어나는 것은 사실이지만 국뽕 동영상들이 말하는 것처럼 그들은 한국을 우러러보거나 찬양하지 않는다. 이러한 착각은 그만큼 한국인의 지리적 감각을 바탕으로 한 세계 시민의식이 부족하다는 사실을 반영한다. 지리적 마인드가 없다는 것은 곧 우리와 다른 존재에 대해 알지 못하는 것이다. 이는 우리의 자아 정체성과 외국에 대한 지식에 심각한 왜곡을 불러온다. 이러한 사회적 조건에서 평화와 문화를 통한 영향력 확대, 자주독립, 통일은 요원하다. 상대방에 대한 무지는 심각한 결례를 범할 수 있는 조건을 제공한다. 관계를 맺는 과정에서, 특히 다른 국가와의 외교는 상대방에 대한 이해를 더 많이 요구한다. 큰 틀에서 봤을 때 통일은 가장 정교하게 준비해야 할 외교적 정수를 기초로 한다. 우리는 과연 통일에 대비한 인식적, 실질적 준비를 하고 있는가?

■ 한반도는 과연 통일을 원하는가?

사실 한국은 미래를 짊어져야 할 젊은 세대들의 상황이 무척 좋지 않다. 치솟는 집값과 청년 실업은 많은 젊은이의 희망을 무너뜨리고 있다. 이러한 상황에서 통일을 꼭 해야 하는가에 관한 설문조사에 긍정적으로 대답하는 비율은 날이 갈수록 떨어지고 있다. 2030 세대는 불안한 경제 상황 속에서 통일과 같은 거창한 대의를 추구하기보다는 당장 내 앞의 행복에 집중하는 경향을 보인다.

사회적 협력과 합의가 필요한 북방정책과 통일의 추진은 날이 갈수록 어려워지고 있다. 백범 김구 선생이 지금의 현실을 바라본다면 <나의 소원>을 수정할지도 모른다. 갈수록 치솟는 동아시아 정세의 긴장 상태, 대의보다는 개인의 만족을 추구하는 사회적 흐름 등은 통일을 향한 국외, 국내적 상황 모두 호의적이지 않다는 사실을 보여준다.

03

동아시아 지리와 한반도

■ 지리와 역사

그림 3-1. 강화도와 김포반도 사이를 가르는 강화해협
(출처 : 강화군청 홈페이지)

가끔 가족들과 근교 나들이를 갈 때 찾는 강화도(인
천광역시 강화군)는 2개의 다리로 육지와 연결되어 있
다. 섬이라는 사실을 거의 느끼지 못할 정도로 좁은
바다를 사이에 두고 육지와 마주하고 있는 강화도는
수전에 약한 몽골군을 방어하기 위해 한때 고려의 임

시수도로 선택되었다. 나머지의 고려 국토는 그야말로 초토화되었지만, 바다로 둘러싸인 강화도의 보호막은 왕을 비롯한 지배층의 항전을 이어갈 수 있게 해주었고 이후 원나라의 간섭 속에서도 고려의 국체는 보존될 수 있었다. 현재의 관점으로 보자면 육지와 섬 사이의 한강 너비 정도 되는 좁은 바다가 맹렬한 기세로 유라시아 대륙을 정복했던 몽골군을 어떻게 저지할 수 있었는지 의아함을 자아낸다.

우리는 흔히 역사를 기술하는 과정에서 사건 자체와 그 의미에 집중하는 경향을 보인다. 하지만 강화도-김포반도 사이의 좁은 바다와 같이 지리적 조건이 역사에 깊이 관여하는 사례는 아주 많다. 지리라는 조건은 늘 역사와 함께 해왔다. 미국의 지리학자 재러드 다이아몬드(Jared Diamond)는 저서 「총, 균, 쇠」를 통해 통시적 관점에서 남보다 앞섰던 유럽의 문명 발달과 제국주의 역사의 주된 이유를 유럽 대륙과 기타 대륙 간에 존재했던 지리적 차이로 설명한다. 한편에서는 다이아몬드가 지나치게 환경결정론적인 오류를 범한다고 비판하지만, 그가 주장하는 바는 지리적 조건이 인간의 운명을 100% 좌우한다는 것과는 거리가 멀다. 이 책의 골자는 인간의 주체성을 배제하는 것이 아니라 인간의 의사결정이 지리적 세팅을 기반으로 하여 이뤄진다는 점을 강조하는 것이다. 대서양 해류의 영향으로 일년 내내 고른 강수량 분포를 보이는 유럽은 각종 독초와 해충, 뜨거운 사막과 깎아지른 절벽이 즐비한 다른 지역과 비교해 잉여 작물 산출이 유리했고 이는 삶의 2차적 문제인 과학과 예술의 발달에 도움을 주었다. 또한 말과 돼지, 소 등 아메리카 대륙에 토착하지 않았던 대형 포유류 가축들은 유럽의 뛰어난 농업 생산력과 단백질 공급의 조건이 되었다. 스페인 침략자들이 모는 말을 처음 본 아즈텍인들이 그 속도에 놀라 혼비백산하였다는 일화는 여러 기록에 남아있다. 강과 산맥, 복잡한 해안선 등으로 다양한 지역이 나눠진 유럽은 현재 미국이나 중국의 영토와 비슷한 크기이지만 단 한 번도 통일 국가를 이뤄본 적이 없다. 이러한 지역적 분절성은 국가 간의 경쟁으로 치달았고 비록 수많은 전쟁 가운데에서 피를 흘렸지만 보다 나은 국가 경쟁력을 갖추기 위해 혁신을 주저하지 않은 원동력이 되었다. 이렇듯 유럽의 지리적 조건은 제국주의의 반인륜적인 범죄와는 별개로 그들의 다양한 성과를 설명할 수 있는 배경이 된다. 유럽인들은 이러한 환경을 적절히 활용하여 역사를 만들어갔던 것이다.

■ 여전한 지리의 유의미성

시간이 흘러 기술이 진보하는 과정에서 인간 앞의 자연이 주는 장벽은 점점 허물어지고 있다. 아무리 건조한 내륙국가에서 산다고 해도 현재의 몽골인들은 배나 다리로 바다를 건너는 일을 두려워하지 않을 것이다. 현재 인간의 기술은 마음만 먹으면 지구 한 바퀴를 하루 안에도 돌 수 있는 일을 가능하게 했다. 이러한 가운데 인간은 자연이 주는 지리적 조건을 점점 가볍게 여기고 있다. 하지만 기억해야 할 것은, 전 세계 인구를 한꺼번에 모아 어깨와 어깨를 맞대게 한다면 고작 서울시 2개를 합친 면적에 70억 인구가 모두 서 있을 수 있다는 사실이다. 인간은 스스로 생각하는 만큼 큰 존재가 아니며 지구는 우리가 상상하는 것보다 여전히 광대하다.

우리 앞에 놓인 지리적 조건은 여전히 인간의 삶에 있어 매우 중요하고 절대적인 역할을 한다. 아프가니스탄에 사는 사람의 대부분은 고국의 인문적, 자연적 환경으로 인해 선진국 주민의 생활 수준을 영위하지 못한다. 비록 그들 중 누군가는 초인적인 의지를 발휘해 고국을 떠날 수도 있지만 그러기 위해서는 최근 미디어에 나온 것처럼 떠나는 비행기에 매달려야 하는 처절한 위험을 감수해야 한다.

국가와 같은 집단적 수준에서도 지리는 여전히 중요하다. 아무리 재정과 권력이 튼튼하게 뒷받침되는 나라라 해도 지리적 조건으로부터 완전히 자유롭지는 않다. 영화 매트릭스처럼 사이버 공간에서 살지 않을 거라면, 인간은 꾸준히 지리적 환경과 부딪혀야 한다. 천조국이라 불리는 미국도 세계 곳곳의 지리를 파악하고 활용한다. 패권 유지에 있어 전략적 요충의 군사적 우위를 점하는 일은 지리를 모르면 불가능하다. 하지만 최근 미국은 지리의 중요성을 잊은 채 전쟁을 수행한다는 비판을 받고 있다. 아프가니스탄에서의 미군 철수와 이후 탈레반의 정권 찬탈은 전쟁을 통해 미국이 최종적으로 원했던 친미적 민주정권의 수립이 실패했음을 의미하기 때문이다. 만약 아프가니스탄의 인문환경을 더 잘 인지한 채 조금 더 신중하게 접근했다면 미국은 아프간 사람들의 문화와 정치에 대한 더 나은 이해를 바탕으로 최종적인 목표 성취에 더 가까이 근접했을 것이다. 아프가니스탄의 인문적, 자연적 환경에 대한 미국의 무지와 오판은 결국 탈레반의 재집권과 수많은 아프간 사람들의 두려움, 공포로 귀결되었다. 미국보다 결코 든든한 안보 위에 서 있다고 말할 수 없는 조건에서 우리는 지리를 너무 안일하게 대하는 것은 아닌지 묻고 싶다. 현재 대한민국을 둘러싼 동아시아 정세는 한가로운 여유를 허락하지 않는다.

■ 한반도에 있어 중국의 의미란?

현재 대한민국은 강한 반일 정서에 휩싸여있다. 양국 갈등의 책임 규명은 차치하더라도 특정 국가에 대한 국민의 분노와 미움의 집중은 주변 정세를 냉정하게 바라보는 시선을 심각하게 훼손한다. 우리는 다가오는 실제적인 정세에 눈을 돌려야 한다. 일본은 2차대전에서의 참혹한 패배 이후 큰 교훈을 얻었다. 그것은 절대 미국의 심기를 건드리지 말 것과 철저한 미국과의 협력 유지이다. 비록 우리와 독도를 두고 영유권 다툼을 벌이고 있지만 우리를 향한 일본의 실제적 위협은 크지 않다. 양국 모두 미군이 주둔하고 있는 상황에서 한국과 일본 중 어느 한쪽이 상대에게 위협을 가할 수는 없다.

우리는 신장(위구르)과 티베트에 여러모로 공을 들이고 있는 중국을 보며 동아시아 정세를 이해해야 한다. 이는 비단 현재의 문제로 국한된 것이 아닌 과거부터 미래에 이르기까지 우리에게 많은 시사점을 제공하는 부분이다. 측정하는 방법에 따라 누가 더 넓은지에 대한 주장이 엇갈리지만, 미국과 중국은 거의 비슷한 면적의 국토를 가지고 있다. 그러함에도 두 나라 간에는 근본적인 지리적 차이가 존재한다. 미국은 꽤 협력적인 이웃인 멕시코와 캐나다를 각각 남북에 마주하고 있다. 비록 멕시코에 대해서는 캐나다와 달리 장벽으로 국경을 가로막고는 있지만 말이다. 또한 미국의 양안은 태평양과 대서양의 두 거대한 바다에 접해 있어 막강한 군사력으로 제해권을 장악하기에 유리하다. 이러한 지리적 환경은 미국이 주변 정세에 크게 신경을 쓰지 않은 채 마음껏 국력 신장에 집중할 수 있는 조건을 제공한다. 하지만 중국은 다르다. 중국은 수천 년에 걸쳐 무수히 많은 외적, 그들이 말하는 오랑캐의 침입을 받으면서 깨달은 바가 있다. 이 깨달음은 19세기 말에서 20세기 초에 걸쳐 서구 제국주의자들에 의한 국토의 유린을 겪고 나서 더욱 확고해졌다. 그것은 하나의 강력한 중국에 대한 열망과 외부의 위협에 선제적으로 대응하는 것이다.

중국 본토로부터 각각 서북부와 북부, 그리고 동북부에 자리한 신장, 몽골, 만주는 오랜 기간 한족 정권을 괴롭혀왔던 이민족 집단이다. 이들에 대한 한족의 두려움은 진시황제 시절부터 명대에 이르기까지 만리장성 구축에 대한 집착을 통해서도 드러난다. 이러한 인공 장벽이 존재했음에도 불구하고 중국은 거친 이민족들(몽골, 여진)에게 두 차례에 걸쳐 정복당하기도 했다. 서구 제국주의의 기억과 일본과의 지리멸렬한 전쟁을 경험한 중국은 이제 더는 물러서지 않으리라는 각오를 단단히 한 듯하다. '70년대 말 개혁개방을 펼치고 난 후 잠자고 있던 중국 경제는 그 잠재력을 활짝 꽃피웠다. 중국 경제에 대한 여러 논란이 있지만 이들은 여전히 성장하고 있다. G2에 근접한 경제력을 바탕으로 중국은 불안했던 접경 지역 통제에 더 고삐를 죄고 있다. 티베트를 누구에게든 내준다는 것은 높은 산악지대에서 대륙 본토를 향해 마음껏 폭탄을 쏟아부어도 좋다는 말이나 다름없다. 물론 누군가가 지금의 중국을 그런 식으로 공격할 가능성은 거의 없겠지만 그래도 중국은 역사적 깨달음을 통해 돌다리도 두드리는 심정으로 접근하고 있다. 마침 히말라야를 경계로 중국은 세계 2위의 인구 대국인 인도와 마주하고 있다. 가뜩이나 인도와의 불편한 관계를 유지하고 있는 중국으로서는 1959년 달라이라마가 인도로 망명했던 사실이 두고두고 거슬린다. 또한 이슬람교를 믿는 신장 주

그림 3-2. 미국과 달리 많은 국가와 경계를 맞대고 있는 중국
(출처 : topchinatravel.com)

민들이 중국에 적대적으로 동요한다면 주변의 이슬람 국가들과 무슨 일을 저지를지 모른다. 특히나 최근 탈레반에 접수된 아프가니스탄과도 신장 방면으로 국경

을 접하고 있는 중국으로서는 더욱 신경이 곤두설 수밖에 없다.

이러한 외부적 위협은 공산당을 중심으로 한 중앙권력의 통제력 강화에 그들 스스로 정당성을 부여하는 계기가 되었다. 1997년 영국으로부터 반환된 홍콩은 중국과의 일국양제(One country, two systems)를 통해 그동안 자치권을 누려왔지만, 중국은 더 이상의 참을성은 없는 듯 홍콩을 확실하게 중앙권력의 지배에 두려 하고 있다. 타이완에 대한 중국 공산당의 엄포는 말할 필요도 없다. 이러한 주변 정세에 대한 단호함과 함께 중국은 내부적으로도 안면 인식 기술과 인터넷 통제를 통해 공산당에 대한 정서적 이탈을 확실히 단속하려 한다.

이는 주체할 수 없는 중국의 힘이 내외부적으로 팽창하고 있음을 의미한다. 이러한 상황에서 한반도에 영향력을 확대하고자 하는 중국의 전략은 점점 구체화하고 있다. 아직까지는 북한이라는 일종의 완충지대가 존재함으로써 우리는 이를 피부로 느끼지 못해왔다. 하지만 바로 코앞에 패권 다툼의 강력한 라이벌인 미국의 군대가 주둔하고 있는 한반도를 자신의 영향권에 포섭하려는 중국의 의도는 어렵지 않게 알아차릴 수 있다. 대한민국은 중국과의 사이에 북한이라는 지리적 조건을 둠으로써 지금까지는 나름의 안보적 우산 속에 자리해왔다. DMZ를 사이에 두고 군사적으로 대치하고 있는 북한이 오히려 안전망이었다는 해석은 너무 아이러니하게 들릴 것이다. 어쨌든 팽창하는 중국의 힘에 대해 우리는 고민을 미루지 말아야 한다.

04

동아시아 정세와 대한민국의 선택

■ 강화하는 중국의 패권주의

공산당이 추구하는 가치로부터 14억 인민들이 이탈하는 일을 방지하기 위해 중국은 최근 국내외적으로 통제에 대한 강한 집착을 보여주고 있으며 급기야는 연예인의 외모에 대한 부분까지도 중앙 정부의 규제가 닿고 있다. 이는 최근 중국 정부가 젊은 아이돌 스타를 대상으로 한 시진핑 사상교육과 일부 고소득 연예인들을 본보기로 탈세 등의 혐의를 씌워 문화예술계에서 퇴출시키는 흐름으로도 연결된다. 여기서 우리가 중요하게 포착해야 할 점은 개인의 자유에 대한 국가의 지나친 간섭이 발생할 경우, 창의력을 요구하는 문화의 발전과 사회적인 성숙도를 기대하기 어렵다는 사실이다. 14억의 거대한 내수 시장과 자본력이 갖춰졌음에도 불구하고 세계에 어필할만한 대중문화 상품을 생산하지 못하는 상황은 자유가 제한된 중국 사회의 한 단면으로부터 파생된 결과라고 볼 수 있다.

그림 4-1. 코리아소사이어티 '밴 플리트 상' 수상소감을 밝히고 있는 그룹 방탄소년단 리더 RM (출처 : 미국 Bloomberg Quicktake 유튜브 채널 캡처 화면)

2020년 10월 한국의 보이밴드 방탄소년단은 한미 친선 관계에 공헌한 공로로 미국 비영리재단인 코리아소사이어티로부터 '밴 플리트 상'을 수상했다. 방탄소년단의 리더 RM(본명 김남준)은 수상소감을 통해 "올해는 한국전쟁 70주년으로 그 의미가 남다르며 [중략] 우리는 양국(our two nations)이 함께 겪은 고난의 역사와 남성·

여성의 수많은 희생을 영원히 기억해야 한다"라고 말했다. 재단의 성격과 수상소감의 맥락을 생각할 때 양국(한국과 미국)의 희생과 자유 수호의 가치를 언급하는 것이 문제시될 것은 아니지만, 이 소식을 접한 중국 인민들은 다르게 생각한 것 같다. 이들은 한국전쟁으로 희생된 18만의 중국군을 무시한 처사라며 강하게 반발했고 이는 상당수의 중국 팬이 방탄소년단 팬덤으로부터 이탈하는 결과를 초래했다.

해당 사건은 중국 정치권의 고위 간부에 의해서도 인식되었을 것이며 가볍게 넘기기에는 이미 세계적인 인지도를 갖춘 방탄소년단의 영향력이 신경 쓰였을 것이다. 이러한 맥락은 최근 연예인에 대한 중국 정부의 통제 강화와 연결되어 있다고 볼 수 있다. 우리가 주목해야 할 것은 중국 공산당이 주도하는 애국주의가 방탄소년단의 주된 팬층을 형성하는 젊은 세대에도 자연스럽게 이식되었다는 사실이다. 이들은 누구보다 자국의 패권주의를 당연하게 여기며 여기에 조금이라도 거슬리는 현상이 발견되면 국가가 나서기 전부터 집단적 힘을 행사한다. 이는 2016년 초 걸그룹 트와이스의 대만 출신 멤버 쯔위가 한국 인터넷 방송에서 대만 국기를 흔든 것에 대한 중화권에서의 파장을 보더라도 알 수 있다. 중국

네티즌들은 '하나의 중국'을 지향하는 상황에서 쯔위의 행동이 대단히 부적절했음을 질타했으며 결국 그녀는 성난 중국 팬심을 달래기 위해 직접 사과 영상을 찍어야만 했다.

대중문화를 둘러싼 이러한 일련의 사건들은 중국의 패권주의가 비단 정치권만의 이데올로기가 아닌 중국 대중에 깊이 파고든 헤게모니를 구축하고 있음을 보여준다. 그러한 가운데 중국 인민들은 개인의 자유보다는 서서히 체제의 가치 추구에 익숙한 모습을 드러내고 있다. 2013년 시진핑의 국가 주석 취임 이후 '하나의 중국'에 대한 사회문화적 캠페인, 개인보다는 체제를 우선하는 전체주의 성향 등이 점차 강화되고 있다. 2018년 3월 전국인민대표대회에서 국가주석직 2연임 초과 금지 조항을 헌법으로부터 삭제한 이후 시진핑의 종신집권이 가능해지면서 '일대일로(一帶一路)'로 대표되는 중국의 패권주의와 주변국과의 외교적 마찰은 더욱 탄력을 받을 것으로 예상된다. 미국과 전 세계의 패권을 두고 경쟁 구도로 진입한 중국은 최근 대만과 합동 군사 훈련을 재개했으며 한반도에 대규모의 군대를 배치 중인 미군의 존재를 탐탁하지 않게 바라보고 있다. 그나마 대한민국과는 북한을, 그리고 대만과는 바다를 사이에 둔 채 직접적인 국경을 접하고 있지 않다는 사실은 군사적 긴장 상태가 극한으로 치닫는 상황을 방지한다. 하지만 중국은 자신의 세력 팽창을 저지하는 미국, 영국의 함대가 동중국해와 남중국해를 수시로 항해한다는 사실에 강한 반감을 드러내고 있으며 이들에 대한 감시정 운영을 소홀히 하지 않고 있다. 또한 중국은 한반도와 일본, 미국을 사정거리에 두고 있는 탄도 미사일을 본토 곳곳에 배치하고 있다. 원칙적으로 경북 성주의 사드 기지는 북한의 핵미사일을 방어하는 목적으로 설치되었지만, 중국은 자신들의 미사일도 감시되고 방어될 수 있다는 사실에 가장 적극적으로 반발하고 있다. 팽창하고 있는 중국과 기존의 세력 질서를 유지하려는 미국의 긴장 관계 한복판에 자리한 대한민국은 이를 현명하게 대처해야 할 필요성이 증가하고 있다.

■ 자유라는 가치의 무게감

미국과 중국의 패권 다툼이 주는 영향 속에서도 우리는 대한민국이 가장 중요하게 지켜야 할 가치를 분명히 하는 작업을 필요로 한다. 중립적 자세를 취한다는 것은 스위스처럼 험준한 알프스산맥과 막강한 금융의 힘 같은 특별한 지리적 조건이 뒷받침되었을 때 가능하다. 지금의 한반도가 지정학적 조건에 대한 고려 없이 중립국을 추구하는 것은 오히려 국민을 불안한 안보에 노출 시키는 것과 다르지 않다. 2차 세계대전 당시 아무런 지리적 방패 없이 중립국을 외쳤다가 동맹이 존재하지 않은 상황에서 허무하게 점령당했던 네덜란드의 사례를 우리는 반면교사 삼아야 한다. 물론 현대 자본주의 경제 사슬에서 과거의 야만적이고 전면적인 전쟁이 발생할 리는 거의 없겠지만, 미사일과 항공모함으로 서로 간 위협과 견제가 존재하는 현대 사회에서 안보의 중요성은 여전히 유효하다. 안정된 지정학적 정세가 마련되지 않는다면 자유에 대한 개인의 의지도 지켜질 수 없다. 국가의 방향성은 주변 정세로부터 여전히 강한 영향을 받고 있으며 그렇게 설정된 국가 정체성은 삶에 대한 국민의 자세와 세계관에도 직접적으로 연결된다.

불과 60여 년 전만 하더라도 세계에서 가장 가난한 국가 중 하나였던 대한민국을 지금의 세계 10위 경제 대국으로 이끈 원동력은 가난에서 벗어나고자 했던 개개인의 의지와 이를 뒷받침한 자유 경제 체제로부터 이해될 수 있다. 사람은 대개 자신의 노동이 만든 가치가 온전히 본인의 몫으로 돌아올 때 가장 효율적이

고 근면한 모습을 보여준다. 과거 미국의 노예제도에
서 일하던 흑인과 해방 이후 자유를 얻은 흑인 중 후
자의 노동 생산성이 비교할 수 없을 정도로 높았다는
사실은 잘 알려져 있다. 이는 근면한 노동을 통해 사
유재산의 축적을 존중해주는 사회일수록 부의 상승 속
도가 가파르다는 사실을 암시한다. 노예는 자신의 노
동이 만들어낸 가치가 주인의 품으로 돌아간다는 사실
을 알면서도 채찍이 두려워 마지못해 일한다. 자유를
빼앗긴 노예는 이러한 사실에 허탈해하면서 노동에 대
한 책임을 지려는 자세보다는 눈치를 보면서 힘든 일
을 모면하는 쪽을 택한다. 과거 공산권 국가와 북한에
서 지속적인 생산성 저하가 일어났던 원인은 국가의
감시 속에 자율성을 잃어버린 노동과 책임 의식의 결
여로부터 비롯된 것이다. 자발적이지 않고 책임 의식
이 부재한 노동은 노예제도에서 발견되는 수동적인 노
동과 다름없다. 이러한 면에서 자유와 책임은 동일성
의 맥락을 취하는 것이다. 한국의 산업화 세대는 자유
와 책임이라는 가치를 기반으로 가난에서 벗어나고자
노력했고 남이 시키는 일만 하는 차원에서 머무는 것
이 아닌, 보다 창의적이고 근면한 노동을 통해 개인과
국가의 부를 빠르게 축적해갔던 것이다. 대한민국 산

업화의 주역은 우리에게 자유와 책임이라는 정신적 유산을 남겨줬으며 우리는 이를 계승하고 발전시켜야 할 필요가 있다.

경제적 조건이 충족되지 않으면 민주주의, 인권, 문화, 시민의식 등 그와 관련한 사회적 가치는 연쇄적으로 무너질 수밖에 없다. 향후 한국 경제의 부담으로 작용할 인구의 고령화와 노년부양비의 급격한 상승에 대비하기 위해서라도 한국은 지금의 경제 수준에 만족해서는 안 되며 1인당 생산성을 극대화하는 노동 환경을 조성해야 한다. 이는 부족한 노동인구의 핸디캡을 극복하는 동시에 급격히 상승할 것으로 예상되는 조세 부담을 최대한 경감시키기 위함이다. 1인당 노동 생산성과 효율성을 높이는 방법 가운데 하나는 개인이 번 소득을 최대한 당사자의 몫으로 가져가게 해주는 것이다. 납세 의무는 숭고하지만, 국가가 거둬들이는 돈이 지나치게 많다는 것은 개인의 근로 의욕을 떨어뜨리는 요인이 될 수 있다. 국가에 의한 분배는 시장에 의한 분배에 비해 권력의 자의적 판단이 개입할 여지가 크다. 시장이라는 살아있는 유기체는 노동의 대가를 다수에 의한 합의 과정과 계약을 통해 결정하지만 국가에 의한 일괄적 가치 결정은 경제적 비효율과 정치적 비위가 뒤따른다. 목수의 망치와 판사의 망치가 지닌 가치를 판단하는 것은 국가가 아닌 시장에서의 합의임을 명심해야 한다. 국가로부터의 배급이 많아질수록 개인은 자유와 책임 의식을 잃어버린다는 점에서 경제적 기초 환경의 위협으로 작용한다. 자신이 노력하지 않은 것에 대한 국가로부터의 금전적 보상은 생산적인 일에 재투입되기보다는 수증기와 같이 허공으로 흩어지고 만다.

2021년 서울시장 보궐선거에서 "결혼 시 1억 지급" 공약을 내걸었던 후보는 놀랍게도 3위의 득표율을 얻었다. 해당 후보는 과거에 도전했던 선거들로부터 줄기차게 상당량의 국가 보조금을 공약으로 내세웠다. 하지만 헛웃음을 자아냈던 그의 주장은 점차 많은 정치인에 의해 카피되고 있다. 더 놀라운 것은, 대한민국 국민도 점차 국가로부터 지급되는 보조금에 익숙해지고 있다는 사실이다. 이미 청년들을 나약하고 도움이 필요한 대상으로 낙인찍은 정책적 프레임은 수많은 실패를 양산하고 있다. 구도심 활성화와 청년 지원의 목적으로 시행된 '대전 청년구단' 사업은 시 정부의 다양한 혜택을 통해 창업을 지원했지만 거의 무상에 가까웠던 혜택은 청년 사업주들에게 책임 의식을 제거했

고 방송인 백종원이 예상한 대로 청년몰은 2년 만에
완전히 문을 닫았다.

■ 자유 대한민국을 위한 지정학적 세팅

현재의 대한민국에서는 국민의 삶을 책임지겠다는
목소리에 더 많은 정치인이 가세하고 있다. 잊지 말아
야 할 것은, 기본적 삶의 보장이라는 공약은 '더 많은
국가 권력'이라는 수사를 내포한다. 지금껏 인류 역사
상 국가의 권력이 비대해질수록 국민의 삶이 나아진
적은 없었다. 개인은 끊임없는 국가 권력과의 투쟁 속
에 자유를 얻기 위한 여정을 달려왔다. 국가 권력은 외
교 대상과의 세력 균형과 견제에 사용되어야지 국민의
자유를 제한하기 위해 사용되어서는 안된다. 이는 국가
에의 종속을 심화시키고 개인의 창의성을 제거하기 때
문이다. 이런 사회는 정의와 공공의 선을 위한다는 이
름으로 개인의 사유재산에 대한 국가의 침해를 아무런
제지 없이 정당화한다. 이는 정의롭지도 않으며 인권에
대한 감각도 무뎌지게 만든다.

개인의 사유재산과 자유를 원칙적으로 인정하지 않
는 중국 정부는 이제 원칙적 수준을 넘어 국민 통제의
고삐를 더 세게 죄고 있다. 공산 진영이 종말을 고하

기 시작한 '90년대 초, 인민의 삶이 무너지면 공산당도 무너질 수 있다는 경각심에 중국은 국가의 통제를 비교적(어디까지나 비교적) 삼가왔으며 착실한 개혁개방의 길을 걸어왔다. 하지만 이제는 안정적 경제 기반에 접어들었다고 판단해서인지 국가 권력 강화와 통제를 기반으로 한 마오쩌둥의 시대로 회귀하고 있다. 아이러니하게도 중국 인민들은 강력한 중국, 하나의 중국에 대한 열망으로 인해 개인의 자유를 국가 권력에 스스로 양도하고 있다.

자유가 없는 체제 속에서도 나름의 발전이 이뤄지는 중국 경제를 가까이 바라보면서 한국의 정치인들은 착각에 빠져있다. 우리나라와 달리 통제와 간섭이 있더라도 14억 인구의 거대한 시장이 뒷받침되기에 중국의 경제 발전은 가능한 것이다. 대한민국 경제는 국가의 간섭과 통제보다는 많은 일자리를 제공할 수 있는 기업들에 자유로운 활동을 보장해줘야 한다. 중국과의 경제적 협력은 유지하더라도 체제에 대한 벤치마킹은 삼가야 한다. 자유의 가치에 대한 대한민국 사회에서의 합의는 자유를 위협하는 지정학적 조건을 방지할 수 있다.

05

사회, 경제, 문화적 발전을 위한
대한민국의 조건

■ 군대 드라마와 사회적 시선의 변화

최근 TV 예능 프로그램이나 인터넷 콘텐츠에서 군 생활을 희화화하는 바람에 잘 드러나지는 않지만, 상명하복을 기반으로 운영되는 빡빡한 군대 조직에서 생전 처음 본 사람들과 18개월의 시간을 견뎌야 하는 것은 솔직한 말로 상당한 고역임이 분명하다. 그것도 휴가를 제외한 대부분의 복무기간을 부대 안에서만 보내야 하는 생활은 인간의 가장 근원적인 욕구인 자유를 제한한다는 점에서 현역 군인들의 희생은 무엇보다도 그 의미가 남다르다고 볼 수 있다. 예비역들은 지인들과의 대화에서 자신의 군대 경험을 주로 농담거리로 삼곤 한다. 허나 다른 사람과 있을 때의 쿨한 모습과는 달리 전역 후 군대의 악몽을 꾸거나 복무했던 지역을 향해 고개도 돌리지 않는 행동으로 나타나는 예비역들의 부정적 회상은 군 경험이 단순히 가벼운 농담 소재만은 아님을 반영한다.

이러한 군 생활의 어려움에도 불구하고 우리 사회는 대한민국 군인이 감당하고 있는 고뇌에 대해 지나치게 무관심한 경향을 보인다. 이는 '대한민국 남자로서 당연히 가야 하는 군대'라는 인식적 틀 속에 장병들의 고충을 대수롭지 않게 여기도록 강요하는 사회적 관습에 기인한다. 이러한 인식 구조와 사회적 분위기는 장병들이 군대에서의 고민거리를 쉽게 언급할 수 없게 하는 원인으로 작용한다. 부대 내적으로나 사회적으로 지속되고 있는 장병들의 고충에 대한 무관심은 하소연할 곳 없는 군인들의 외로움, 심하게는 자살까지도 이어지는 현상이 계속해서 발생하도록 만든다.

군인에 대한 사회적 희화화와 무관심 속에 2021년 방영된 넷플릭스 드라마 디피(D.P.)는 부대 내의 어두운 면을 가감 없이 보여준다는 점에서 호평받고 있다. 이는 기존의 TV 예능 프로그램이 웃음 속에 가리고 있던 부대 내 고충을 실감 나고 사실적으로 묘사함으로써 병영생활에 대한 사회적 인식을 새롭게 환기하는 효과를 불러오고 있다.

물론 여기까지만 보더라도 드라마 디피가 몰고 온 순기능은 상당한 의미를 차지한다고 볼 수 있다. 하지만 우리가 여기서 추가로 생각해봐야 할 문제는, 대체

그림 5-1. 군대 병영생활을 생생하게 그린 것으로 평가받는 넷플릭스 드라마 '디피' (출처 : 넷플릭스)

무엇 때문에 대부분의 대한민국 남성들은 18개월의 자유와 청춘을 희생해야 하는가에 관한 것이다. 국방의 의무라는 명분은 너무 추상적이고 진부하다. 입대 첫날 연병장에 모여 사랑하는 부모님과 친구들을 먼발치에 두면서 국방의 의미에 대해 진지하게 생각해보는 사람은 거의 없을 것이다. 이는 사회 전반적인 분위기도 마찬가지이다. 병역의 '의미'는 빠지고 '의무'만 남은 군 생활은 장병들이 스트레스를 인내해야 할 명분을 제대로 전달하지 못하며 대한민국 군대 전반의 존재 이유와 군 기강 확립을 설득하는 과정에도 장애물로 작용한다. 본 섹션은 드라마 디피가 몰고 온 장병들에 대한 사회적 관심과 시선을 넘어 대한민국 군대의 존재 이유와 역할의 본질에 대해 논하고자 한다. 한반도의 맥락에서 이에 대한 부분이 명확히 인식되지 않는 한 군인에 대한 진짜 처우 개선과 군 기강 확립은 요원할 것이다. 그리고 이에 대한 논의는 한국전쟁의 의의를 정립하는 작업으로부터 시작되어야 한다.

■ 한국전쟁이 물려준 유산

대한민국 군대의 의미를 논하기에 앞서 우리는 한국전쟁이 가져온 결과와 후속 여파를 새롭게 정립해야 한다. 전쟁으로 인해 한반도의 분단이 고착화되었고 휴전선이 그어졌다는 서사는 너무 뻔한 대답이지만 사실 한국 사회는 이 정도 수준 이상의 논의가 대중적 차원에서 거의 이뤄지지 않고 있다. 대한민국 군대가 징병제로 전환한 것도, 알고 보면 한국전쟁을 치르고 난 후 국방력 강화에 대한 필요성이 강조됨에 따라 시행된 것이다. 이는 생각보다 중요한 의미를 지닌다. 왜 냐하면 전쟁을 치른 후 남한과 미국은 한반도를 공산 진영으로부터 수호해야 한다는, 이전에는 없던 확실한 경각심에 합의했기 때문이다. 이전까지 남쪽의 대한민 국은 신생 정부로서 국가의 비전이나 방향성이 제대로 설정되지 않았다. 하지만 전쟁 후 그어진 군사분계선 은 전쟁 이전 남과 북의 경계였던 38선과는 비교할 수 없을 정도로 북한의 일상적 도발을 차단하는 효과를 가져왔으며 남쪽의 대한민국만큼은 자유에 기반한 국 가 운영을 수행해야 한다는 의식을 싹트게 했다. 전쟁 이전까지 38도선은 사실 국가 안보의 관점에서 봤을 때 유명무실한 경계 표시에 지나지 않았다.

군사분계선은 남한의 자유 민주주의 체제를 유지하 고 보호하는 측면에서 꽤 중요한 의미를 지닌다. 우리 와는 너무도 이질적인 이데올로기를 가진 상대를 항시 적으로 차단할 수 있다는 점은 사회 안정과 발전에 있 어 매우 중요하다. 확실한 차단의 효과를 가지지 않은 경계는 잠재적인 위협을 가할 수 있는 상대로부터의 국경 유린과 사회적 혼란을 감수할 수밖에 없다. 일례 로 아프리카 나이지리아 북부 지역에서 발원한 사이비 이슬람 무장단체 보코하람(Boko Haram)은 주변국에 늘 골칫거리를 제공한다. 이들은 서구식 교육에 반대하여 지역의 여성들을 대규모로 납치하고 성적 유린을 일삼으며 경계가 느슨한 나이지리아 국경을 넘어 주변국인 차드, 니제르, 카메룬 등으로 세력을 뻗어가고 있다. 아무런 방어선도 없는 이들의 국경을 살펴보면 무장한 보코하람 세력이 검문을 받을 가능성은 거의 제로에 가깝다는 사실을 알 수 있다. 만약 수천 킬로미터에 달하는 나이지리아의 국경이 우리의 군사분계선과 같은 경비와 철책으로 둘러싸여 있었다면 보코하람과 같은 무장단체가 쉽게 주변국으로 확장할 수는 없었을 것이다. 이런 경우 이웃 국가들은 최소 보코하람과 같은 외부의 적 때문에 골치를 썩이지는 않아도 됐을 것이다. 그들의 내부적인 문제는 차치하더라도 말이다.

이렇듯 같은 경계라고 해도 그것이 어떤 성격을 가지냐에 따라 국경에 기대할 수 있는 역할은 천차만별이다. 만일 한국전쟁 없이 38선을 경계로 남북한 체제가 유지되었다면 우리는 지금과는 사뭇 다른 상황을 맞이했을 것이다. 이렇듯 한국전쟁과 군사분계선이 우리에게 남겨준 의미를 명확하게 파악하는 작업은 중요하다. 왜냐하면 이는 향후 대한민국이 지키고 유지해야 할 가치의 이해와 국제사회에서의 우리의 역할을 설정하는 과정으로 연결되기 때문이다.

■ 군사분계선과 대한민국 군대의 본질

만약 우리와 대치하고 있는 북한이 대한민국과 같은 이데올로기를 공유하고 있었다면 군사분계선과 같은 인위적인 지리 요소는 애초부터 존재하지 않았을지도 모른다. 하지만 역사적으로 체제의 안전을 보장받기 위해 자유주의 진영과 공산주의 진영은 서로의 적으로부터 자신을 지켜줄 경계의 구축에 공을 들여왔다. 서유럽 중심의 북대서양조약기구(나토, NATO)로부터 위협을 느낀 과거 소비에트 연합은 동유럽 위성국들을 방패막이로 삼아 바르샤바조약기구(Warsaw Treaty Organization, WTO)라는 거대한 경계 지역을 설정했다. 이보다 작은 범위로는 동과 서를 갈랐던 베를린 장벽을 꼽을 수 있다. 다양한 스케일과 형태를 갖췄지만 어쨌든 이러한 강력한 경계를 만드는 이유는 자신이 가진 체제의 생존을 보장받기 위함이다. 미국-캐나다와 같이 서로 비슷한 생각과 가치를 공유하는 국가 간에는 느슨한 경계를 가져도 크게 상관이 없다. 하지만 자신의 존재를 위협하는 대상이 코앞에 있다면 그 상대가 나의 가치를 인정해주고 동조하기 전까지는 강력하게 보안이 유지된 경계를 유지할 수밖에 없다.

그렇다면 우리가 군사분계선이라는 장벽을 유지하면

서까지 지켜야 할 가치는 무엇인가? 이는 대한민국 국체 보존 이상의 것을 의미한다. 군사분계선은 대한민국과 유엔 연합군이 한국전쟁에서 수많은 피를 흘리며 지켰던 자유의 가치를 유지한다. 인간의 자유는 여러 가지 법과 정책의 틀 속에서 보장된다. 자유 민주주의 체제에서는 법과 정책의 모든 방향성이 집단 속 개인의 자유를 보장하기 위한 목적으로 수렴한다. 여기에는 어떤 정의나 공공의 선 같은 명분도 간섭할 수가 없다. 공공의 선을 위한다는 명목으로 개인의 자유를 하나씩 양보하게 되면 결국은 인권의 유린으로 이어질 수밖에 없다. 인간을 위한다는 정의가 결국은 자유를 기반으로 한 인권을 파괴할 수밖에 없다는 점은 참으로 아이러니하다. 보코하람의 이슬람 정신과 공산주의의 평등을 향한 외침은 그들 스스로 생각했던 최고의 정의였지만 그들은 정작 여성 납치, 공개 처형, 재산 몰수, 종교 탄압, 정치 교화, 집단 학살과 같은 끔찍한 시스템적 범죄를 저지르고 있다.

군사분계선 이남에서 오늘도 국방의 의무를 다하고 있는 대한민국 군대는 자유 수호를 향한 병역의 본질을 잊지 말아야 한다. 대한민국 군대는 자유 대한민국에서 유일하게 자유가 허락되지 않은 곳이지만 그 무엇보다 앞장서 한국인의 자유를 지키고 있다. 대한민국의 경제와 문화가 꽃피우는 과정은 오늘도 군사분계선에서의 경비를 수행 중인 대한민국 군대가 있기에 가능하다. 통일을 추구하기 이전에 우리는 자유의 가치를 생각해야 하며 북한이 이에 설득되기까지 우리는 인내할 수밖에 없다. 민족의 통일이라는 대의보다 앞서 충족되어야 할 것은 민주주의 체제에 기반한 개인의 자유이기 때문이다.

06

군사분계선의 지리적 해석과
통일의 의미

■ '통일'이라는 신화

필자는 통일이 언제가 반드시 이뤄져야 한다고 생각하는 사람이다. 아마 정도의 차이는 있겠지만 대한민국에 사는 많은 사람은 이와 크게 다르지 않을 것이다. 한국인이라면 누구나 들어봤을 '우리의 소원'이라는 노래를 모르는 사람은 많지 않다. 필자 역시 학교에서 배웠던 이 노래가 비록 크게 자극적이지는 않지만 잔잔한 멜로디와 함께 시작하는 '우리의 소원은 통일'이라는 가사를 가끔 머릿속에서 떠올릴 때가 있다. 습관이라는 것은 무서워서, 그렇게 무의식적으로 되뇌는 가사는 우리의 가치관마저도 사로잡곤 한다. 그래서인지 많은 한국인은 통일을 언젠가는 당연히 이뤄야 할 민족의 대의로 여기곤 한다. 대한민국 사람이든 북한 사람이든 통일은 한반도 인구의 대부분이 염원하는 미래라고 볼 수 있다.

하지만 관습적인 학습에 의한 열망은 통일을 향한 현실적인 조건을 고려하지 않게 만들었다. 통일 효과에 대한 장밋빛 전망은 대중적으로도 상당 부분 공유되어왔다. 대표적으로는 남북한의 통합 시 얻게 될 7천만의 인구 시장, 북한의 광물자원과 값싼 노동력, 국방비에 쏟아 온 예산 절약과 경제성장으로의 투자, 대륙과의 육로 연결을 통한 북방 외교의 활성화 등이 통일 효과로 거론되었다. 하지만 이러한 효과는 어느 하나라도 제대로 기대하기 어렵다는 게 필자의 솔직한 생각이다. 우선 7천만은 국제적으로 봤을 때 그리 거대한 인구 규모로 보기 어렵다. 한반도의 좌우만 바라봐도 우리는 14억의 중국과 1억 2천만의 일본을 이웃으로 두고 있다. 북한의 광물자원이 남한에 비해 풍부하다고는 하지만 다른 자원 부국들과 비교했을 때 보잘것없는 수준임은 분명하다. 통일 이후 마주하게 될 중국과 러시아는 결코 우리의 국방비를 절약할 수 없게 할 것이며 북방 정책을 추진하는 과정에서 우리와 다른 이데올로기를 가진 두 국가가 통일 한국에 호의적일 것이라 보장할 수 없다. 북한의 노동인구는 인건비가 저렴하다고는 하지만 오랜 기간 체제적 억압 속에 자율과 책임 의식을 거의 잊고 살았기 때문에 결코 생산성이 좋다고 볼 수 없다. 실제로 한창 개성공단이 가동되었을 당시 북한 노동자들의 임금 대비 생산성은 중국이나 베트남 노동자들과 비교해 턱없이 낮았다.

통일에 대한 염원은 이렇듯 현실에 대한 고려보다는 '민족'이라는 공동체적 의식의 산물이라고 봐야 할 것이다. 통일과 관련하여 한 번쯤 들어봤을 '우리민족끼리'라는 수사는 이러한 사실을 뒷받침한다. 만약 한반도의 경제, 정치, 이데올로기 등과 관련한 현실적인 문제들이 해결되지 않은 채 통일이 이뤄진다면 준비 부족의 대가를 톡톡히 치르게 될 것이다.

■ 통일 청구 비용과 국가적 내분

그렇다면 우리는 보다 현실적인 통일 환경을 조성하기 위해 선결되어야 할 문제들은 무엇인지를 고민해야 한다. 아마도 통일을 앞두고 마주할 가장 큰 현실적 장벽은 남과 북 사이의 경제적 차이일 것이다. 현재로서도 대한민국은 인구 절벽과 함께 초고령화 사회로 접어들고 있으며 은퇴자가 현역 노동자보다 훨씬 많은 수를 차지할 것으로 예상되는 가까운 미래에 조세 부담이 급격히 가중될 것임은 분명하다. 그나마 여기까지는 어떻게 해결이 된다고 쳐도 진짜 문제는 북한과의 통일 이후 청구될 비용 문제이다. 현재 북한의 부족한 공공인프라는 통일 이후 북한 주민들의 삶을 개선 시키는데 필요한 경제 개발의 걸림돌로 작용할 것이다. 무에서 유를 창조해야 하는 토목 사업과 인프라 구축이 또 다른 경제 활성화의 기회라고 주장하는 사람들도 있지만 변변한 산업 시설이 없는 현재의 북한에서 통일 이후 당분간 투자한 금액 이상의 수입을 회수할 가능성은 불투명하다. 이러한 상황이 계속되면 국민적 피로도는 눈덩이처럼 불어날 것이다.

아무리 경제력이 뛰어난 국가라도 급격한 변화나 충격이 발생하는 경우 이를 무난하고 능숙하게 모면할 수 있는 나라는 없다. 우리보다 대내외적으로 훨씬 수월한 통일 조건이었다고 평가받는 독일도 '90년대는 물론이거니와 현재까지 그 후유증에서 제대로 벗어나지 못하고 있다. 통일이 몰고 올 경제적 혼란은 국민의 생계뿐만 아니라 각종 사회적 문제를 양산할 가능성이 크다. 통일 비용을 징수하고 집행하는 과정에서 불거질 의견 차이와 공정성에 대한 시비는 생각만 해도 엄청난 사회적 갈등을 불러올 것이 뻔하다.

하지만 이보다 더 큰 문제는 아마도 남한과 북한 주민 간의 의식적 차이에 따른 혼란과 갈등일 것이다.

최대한 좋게 봐서 경제적 차이야 무슨 수를 써서든 극복할 수 있다 치지만, 강산이 7번이나 바뀐 시간까지 완전히 남으로 지냈던 두 체제의 주민이 통일이 되었다고 순식간에 의식적 통일까지 이룰 수는 없다. 내부적으로 국가 운영과 세계관에서 국민 간에 극명한 차이를 보이는 나라는 치명적인 사회 분열을 피할 수 없다. 민주적 조정의 시스템을 갖춘 나라들조차 중대한 사안을 두고 벌이는 조율 과정은 상당한 진통을 동반한다. 이는 영연방으로부터의 분리 독립을 추진했던 스코틀랜드의 사례에서도 잘 드러난다.

지금 우리가 보고 있는 중동 지역이나 북아프리카 국가들의 정치적 혼란과 분열은 '90년대 혹은 2000년대 이전까지 발견할 수 없는 현상이었다. 하지만 2010년 12월부터 북아프리카 튀니지로부터 불기 시작한, 소위 말하는 '아랍의 봄(Arab Spring)'으로 불리는 민주화 물결은 시리아, 이집트, 리비아, 이라크 등 기타 중동 국가들로 번지기 시작했고 이는 일부 국가에 돌이킬 수 없는 분열과 혼란의 씨앗을 남겼다. 독재와 민주화 사이에서 대중은 후자에 대한 요구에 목소리를 높였지만 결국은 이마저도 제대로 얻지 못한 채 중동은 내전의 소용돌이에 휩싸이고 말았다. '봄'이라는 수

사에서 드러나듯이 당시에는 민주화의 물결을 중동의 변화를 향한 희망으로 인식하였지만, 현재 이들 국가는 내부 분열로 인한 차디찬 시련의 과정을 경험하고 있다. 통일을 염원하는 우리로서는 이로부터 얻어야 할 교훈이 무엇인지 생각하지 않을 수 없다.

■ 체제적 통일과 의식적 통일

아무리 정치적 안정이 중요하다 해도 과거 중동 국가들처럼 독재자에 의한 분열의 진압을 기대할 수는 없다. 더욱이 지난 반세기 간 민주화 과정을 경험한 대한민국은 통일 이후 예상되는 혼란을 합리적이고 민주적인 과정을 통해 조율할 필요가 있다. 사실 다양성을 존중하는 세계적 흐름 속에서 여러 국민적 의견을 모으고 일정한 국가 방향성을 설정하는 작업은 매우 까다롭다. 다양성과 보편적 가치 사이에는 분명 합의를 통해 균형을 맞추는 작업이 필요하다. 이러한 조율의 과정이 없다면 국내적으로는 집단 간의 끊임없는 반목과 심하게는 유혈사태를 동반한 비극으로 귀결될 것이다.

'아랍의 봄' 이후 시작된 중동 지역의 내전 사태는 수많은 난민을 유럽으로 몰았다. 이전부터 과거 식민

지 지역으로부터의 이주민 유입으로 인종적, 민족적 구성이 다양해지던 유럽은 한때 프랑스의 관용 정신으로 대표되는 포용 정책을 추구했지만, 문화적 이질성을 극복하는 일은 생각보다 어려운 작업이었다. 2015년이 지나고 2016년 새해를 맞이했던 독일 쾰른 시민들은 1,000여 명의 중동 출신 난민 신청자들이 광장에서 행했던 집단 성폭행 소식에 경악했다. 당시 1,200여 명의 여성들이 경찰에 성폭행과 강도 피해를 신고했으며 수십 건의 강간 사례가 보고되었다. 여성 인권에 대한 인식이 유럽과 판이했던 중동 문화를 마냥 포용으로만 품기에는 무리가 있었다. 자신과 다른 문화에 대한 냉정한 판단과 객관적 논의의 부족은 많은 이들에게 돌이킬 수 없는 상처를 남긴 것이다.

1960년대 아프리카 국가의 대부분은 다양한 민족 집단의 실제 분포와는 상관없이 유럽인에 의해 그어진 경계에 따라 독립이 이뤄졌다. 식민 시절 유럽인의 통치에서는 크게 드러나지 않았던 민족 간의 갈등은 독립 이후 국정 운영의 주도권을 두고 무력을 동반한 충돌로 번져갔다. 이는 지금도 이어지고 있는 아프리카 국가들의 내전과 주민 학살의 배경이 되는 것이다. 국내의 분열과 갈등은 경제적 빈곤에 더해 많은 아프리카 주민들의 삶과 생존을 위협하고 있다.

유럽과 아프리카의 사례를 통해 우리는 국가 구성원의 이질성이 보편적 가치로 포섭되지 않을 때 나타나는 혼란을 확인할 수 있다. 성범죄에 대한 경각심은 사실 어떤 문화 집단에게나 보편적으로 적용되어야 할 개념이다. 마초적 남성성을 강조하는 중동 난민의 특수한 문화적 맥락은 이를 무시할 수 있는 변명거리가 될 수 없다. 아프리카 부족들의 개별성과 정체성은 존중되어야 하지만 내전을 통한 인권유린을 감수하면서까지 그들의 존재감이 우선되어야 할 필요는 없다. 이러한 사회적 혼란과 인권에 대한 위협은 국가 구성원

그림 6-1. 지리적 · 민족적 구분과 상관없이 그어진 아프리카 국가의 경계 (출처 : 유튜브 채널 '와이퍼 : 깔끔하게 훑어주는 이슈' 캡처 화면)

이 보편적으로 따라야 하는 가치에 대한 합의가 제대로 마련되지 않을 때 더 두드러진다.

현재 대한민국에서는 길어지는 분단 상황 속에서도 통일에 대한 논의가 이어지고 있다. 주로 통일의 시스템적 완수와 주변 정세와의 활용 등을 중심으로 다각적인 연구가 진행되고 있지만 정작 그보다 중요할 수 있는 통일 국가 내부의 보편적 가치에 대한 합의는 이뤄지지 않고 있다. 남과 북 주민들의 이데올로기적 이질성은 단순히 서로의 다름을 인정하는 수준에서 무마될 수 있는 문제가 아니다. 이는 사람들이 가장 예민하게 접근하는 실질적인 삶의 문제, 생존과 직결되기 때문이다. 주지했다시피 한반도 통일 비용은 얼마나 소요될지 가늠이 되지 않을 만큼 막대한 양을 필요로 한다. 이는 주로 대한민국의 국민이 부담할 것으로 예상되는 가운데 이에 대한 여러 계층에서의 사회적 불만이 표출될 것이다. 통일 이후 인프라 구축 작업을 펼치는 와중에도 북한 주민들의 노동 생산성, 자유, 책임에 대한 이해와 사유재산 개념의 확립은 북한의 삶의 조건을 개선하고 남한과의 경제적 균형을 맞추기 위해 절대적으로 필요하다. 아무리 예산을 투입하여 인프라 구축 사업을 추진한다 해도 이에 대한 북한 주민들의 협력과 경제적 자립에 대한 인식이 정착하지 않는다면 북한의 생활 개선 효과는 미미할 것이다.

통일 이후 남북한 7천만의 주민이 뒤섞이는 상황은 북한 출신에 대한 차별과 심각한 내부 분열을 동반할 것으로 예상한다. 통일 이후 30여 년이 지난 독일은 여전히 동독 출신에 대한 차별이 사회문제로 대두된다. 공산주의 체제에서 자유와 책임에 대한 개념이 정착하지 않은 상황은 생각보다 심각한 후유증을 남겼다. 동독보다 훨씬 폐쇄적인 환경에서 살아왔던 북한 주민이 통일 후 이에 따른 스트레스와 정신적 외상을 겪지 않을 가능성은 거의 없다. 자유와 책임은 북한의 생산성 향상과 사회경제적 혼란의 방지를 위해 공유되어야 하는 핵심 가치이다. 문제는 대한민국마저 자유에 대한 개념을 갈수록 상실하고 있다는 사실이다.

무상복지, 무상자유

■ 자유라는 개념은 한반도에 토착하고 있었는가?

대한민국은 미국이나 영국이 수십 혹은 수백 년에 걸쳐 쟁취한 자유의 가치를 어느 순간 갑자기 짊어지게 되었다고 해도 과언이 아니다. 이는 한국전쟁 이후 북한과의 체제 경쟁에서 어쩔 수 없이 시장 경제와 자유 민주주의의 우월성을 증명해야 했기 때문이다. 국가적 차원에서 강제된 자유의 가치는 참으로 아이러니하게 들릴지도 모르지만, 결과적으로는 자유를 향한 대한민국의 선택이 옳았음이 증명되고 있다. 하지만 민중의 능동적 투쟁으로 쟁취되지 않은 자유는 그만큼 뿌리가 깊지 않으며 이의 부작용은 현재 대한민국에서 자유에 대한 개념이 희미해지는 결과를 낳고 있다.

자유 민주주의를 표방하는 국가로서 현재 대한민국은 국가 경영 전반에서 자유의 가치를 우선으로 고려한다. '자유'라는 말은 대한민국 헌법 전문에서 21회

등장할 정도로 국가의 정체성을 드러내는 가치이다. 지금으로서야 자유가 한국 사회에서 너무 당연한 것으로 여겨지지만, 과연 우리의 집단 지성은 자유의 가치를 깊이 고민하고 있는지 혹은 한민족은 자유를 위한 개인의 투쟁을 역사적으로 지속해왔는지 질문할 필요가 있다. 어쩌면 이 땅에서 한반도 남쪽의 한민족이 누리고 있는 자유는 어느 순간 우리의 노력과는 상관없이 선물처럼 주어진 것일지도 모른다. 본인이 딱히 노력하지 않고서 선물로 받은 것이라면 사람은 대개 그것을 목숨처럼 지키려고 하지는 않기 때문이다.

현재 대한민국의 많은 인구는 생계의 어려움 가운데 국가로부터 오는 무상복지와 기본 소득이라는 유혹을 쉽게 뿌리치지 못하고 있다. 국가로부터의 기본 소득을 목청껏 부르짖는 정치인일수록 국민으로부터의 환호는 커져만 가고 있다. 이는 개인의 자유를 국가에 양도하는 대신 국가가 더 많은 것을 간섭하고 개입하며 분배해도 좋다는 것을 의미한다.

무상복지에 환호하는 국민이 많아진다는 것은, 결국 경제적 어려움을 느끼는 사람이 많아지고 있으며 그만큼 대한민국의 일자리 문제가 녹록하지 않은 상황으로 흘러가고 있다는 사실을 반영한다. 일자리 문제는 결국 이윤 창출이 원활하게 이뤄지는 가운데 기업의 채용 여력이 호전되어야만 해결될 수 있다. 영세한 사업체일수록 미래의 불확실성에 쉽게 노출되며 기업에 의한 고용은 위축될 수밖에 없다. 결국 안정적인 경영과 수익 창출 궤도에 오른 기업이 많아질수록 국내의 전반적인 일자리 문제는 해결될 수 있다. 우리나라는 삼성 및 기타 대기업의 유명세에 가려져서 잘 느껴지지 않지만, 사실은 기업의 영세함이 우세한 국가이다. 많은 고용을 안정적으로 책임질 수 있는 기업이 부족하다는 점은 대한민국 경제의 끊임없는 약점으로 작용하고 있다. 기업에 의한 고용이 제대로 이뤄지지 않은 상황에서 이의 빈자리는 결국 자영업에 의한 경제활동으로 채워진다. 대한민국은 현재 OECD 국가 중 7번째로 많은 자영업자 비율(24.6%)을 차지하고 있다. 이는 대부분 10% 안팎의 자영업자 비율을 차지하는 G7 국가와 비교했을 때 월등히 높은 수치를 보여주는 것이다. 우리보다 자영업자 비율이 높은 OECD 국가는 콜롬비아(51.5%), 브라질(33%), 멕시코(31.9%), 그리스(31.9%), 터키(30.2%), 코스타리카(26.6%) 등 우리와 경제 수준을 비교하기에는 민망한 국가들 뿐이다. 우리나라 경제의 많은 부분이 자영업에 의존한다는 점은 많은 대한민국 사회가 경제적 불확실성에 쉽게 노출되어 있다는 사실로 연결된다. 특히 최근 생활고를 못 이긴 채 스스로 생을 마감하는 자영업자들이 많아지고 있는 상황은 기업에 의한 고용에 비하여 영세한 자영업의 경제적 불안정성이 얼마나 심각한 문제인지를 보여준다.

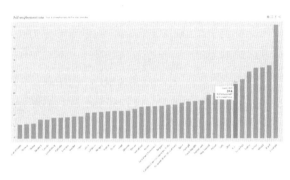

그림 7-1. 2019년 기준 OECD 회원국의 자영업 비율: 한국 (진한 막대)은 콜롬비아, 브라질, 멕시코, 그리스, 터키, 코스타리카에 이어 7번째로 많은 자영업 비율을 차지한다. (출처 : OECD Data)

■ 자유가 사라지면 벌어지는 일들

결국 한국의 전반적인 고용률을 높이고 보다 풍부한 중산층을 확보하기 위해서는 많은 사업체가 대기업 규모로 성장할 수 있도록 시장의 자율성을 부여하는 작업이 필요하다. 하지만 현재의 대한민국은 아쉽게도 이와는 반대의 상황으로 치닫고 있다. 스타트업으로부터 시작해 상당한 규모로 성장한 많은 기업은 상생이라는 명목으로부터 발목이 잡히고 있다. 정부와 국민의 여론으로부터 독점의 낙인이 찍힌 스타트업 출신 기업들은 수천억의 상생 기금을 내놓는 것으로 성난 민심을 달래고 있지만 이제 새로운 사업 영역으로의 투자는 요원할 것이다. OECD 최고 수준의 상속세는 1세대 경영인 이후 기업의 지배구조가 국가에 종속될 가능성을 부채질하고 있다. 국민적 여론은 부의 대물림을 방지한다는 차원에서 이를 환영하거나 혹은 무관심으로 일관하고 있지만, 이는 기업의 신규 사업 투자와 이윤 창출, 그리고 고용의 확대에 심각한 장애물로 작용하고 있다는 사실을 기억할 필요가 있다.

오늘날 대한민국 경제를 중심으로 분배에 대한 명분이 강화되고 있는 현상은 자유에 대한 한국인의 개념적 뿌리가 상당히 취약하다는 사실을 반영한다. 대중의 반기업 정서와 이를 조장하는 정치인들의 행보는 자율성과 창의력을 바탕으로 끊임없는 혁신을 요구하는 부의 창출에 어두운 그림자를 드리운다. 역사적으로 분배와 상생을 좌우명으로 삼으며 자유를 제한했던 국가는 그 대가를 혹독하게 치러왔다. 프랑스 대혁명 이후 가난한 국민을 위한다는 명목으로 우유 가격 통제를 시행했던 로베스피에르는 그의 공포정치 악명만큼 프랑스의 낙농업 생태계를 끔찍한 수준의 공포로 몰아갔다. 생산비에 턱없이 모자라는 금액으로 우유 가격을 통제하자 도저히 수지를 맞출 수 없었던 낙농업자들은 젖소를 도축하거나 우유 생산을 포기하는 방식으로 대응했고 이에 따라 프랑스의 우유 생산량은 수직으로 낙하했다. 낙농업자들은 자신들의 생계를 위해 우유를 생산했던 것이지 국민에게 마냥 자비를 베풀기 위해 우유 생산을 이어갔던 것이 아니었다. 결국 프랑스 우유 가격은 서민들이 도저히 사 먹을 수 없을 만큼 치솟았고 분배와 평등을 강조했던 로베스피에르의 이상은 돈 있는 자들만 우유를 섭취할 수 있는 불평등의 극치를 맛보게 하였다.

누군가 평등의 세상, 부자의 것을 빼앗아 모두가 잘사는 세상을 만들어야 한다고 공언하는 사람이 나타난다면 그는 사기꾼이거나 망상에 휩싸인 사람이다. 이러한 생각이 국가 권력과 결합한다면 그 결과는 더욱 참혹하다. 권력이 개입될 수밖에 없는 국가적 차원에서 평등을 좇다가는 더 큰 불평등을 초래할 수 있기 때문이다. 문제는 대한민국에 자유의 개념이 희미해지는 현상과 더불어 '공정', '상생', '평등', '정의' 등 미사여구를 동원한 국가 정책이 산업 생태계와 취업 시장을 얼어붙게 만들고 있다는 사실이다. 오늘날 실업난과 저임금에 허덕이는 청년들은 연애, 결혼, 출산이라는 인간의 기본적 욕망과 생리마저 포기하고 있다. 기업의 규모가 커질수록 임금 수준은 상승하기 마련이지만 현재 대한민국 중소기업의 성장은 전반적으로 정체되어 있다. 경제적 취약성과 더불어 나타나는 사회적 불만은 기업 성장보다 분배에 초점을 맞춘 정책에 환호하는 군중을 양산한다. 취업난과 저소득 문제를 해결하기 위해서는 따뜻해 보이는 지도자의 망상에 귀기울이기보다는 냉정한 현실 인식을 바탕으로 한 산업 생태계 구축과 고용 시장 활성화를 고민해야 한다. 이를 위해 경제 인구 각자의 자유와 책임에 대한 인식 개선이 밑바탕을 이뤄야 함은 말할 필요도 없다. 나의 자유가 소중한 만큼 남의 자유도 소중한 법이다. 남이 이룩한 사유재산을 징벌적 과세와 여론으로 빼앗는다는 발상은 위험하다. 이는 인간다운 삶을 위해 필요한 사회적 부의 창출을 원천적으로 제거할 수 있다는 점에서 경각심이 필요하다. 어느새 자유라는 말은 정의와 삶의 여유를 향해 나아가는 현대사회에서 구태의연한 표현으로 자리 잡고 있다.

■ 뿌리가 얕았던 자유의 회복과 정착

최근 민간 배달앱과 메신저 기반 IT 기업의 독과점 행태 및 골목상권 생태계 파괴에 대한 사회적 공분이 뜨겁다. 한 기업이 수수료 시장을 독점한 결과 택시 기사들과 요식업주 등 소상공인의 부담이 커지고 골목 상권과 같은 서민들의 생계 수단이 유린당한다는 논리가 주된 이유로 거론된다. 물론 소상공인의 입장으로는 수수료 비중이 높아질수록 수입이 줄어든다는 위기감이 들 수 있다. 또한 특정 기업이 플랫폼 시장을 독점하는 과정에서 공정 거래의 원칙이 훼손될 수 있다는 점은 충분히 고려되어야 할 사항이다.

하지만 이 과정에서 우려되는 점은 기업을 이윤 창출 중심의 사유재산 개념이 아닌 공공재의 개념으로 바라보는 한국 사회의 인식적 흐름이다. 물론 기업은 사회적 책임 의식을 배제할 수 없다. 하지만 이것이 모든 기업 가치에 우선되어서는 안 된다. 이러한 시각은 무엇보다 경제의 활력을 떨어트리고 향후 북방 정책과 통일 사업, 노년부양비 마련 등에 필요한 국가적 부의 축적에 심각한 장애를 불러온다. 또한 기업의 사회적 책임에 대한 집착은 궁극적으로 공공의 선과 소상공인, 골목상권을 위해서도 좋지 않다.

배달앱을 비롯한 모바일 플랫폼은 그동안 판매처와

소비 고객에 쉽게 접근할 수 없었던 소상공인에게 새로운 기회를 제공했다. 유동 인구가 많은 지역의 비싼 임대료를 감당할 수 없었던 잠재적 창업자들은 배달앱이 없었다면 요식업 시장 진입에 애를 먹었을 것이다. 배달 서비스를 통해 입지 제약을 벗어난 소상공인은 중심 상권에 구애받지 않으면서 골목 구석구석에 가게를 열 수 있게 되었다. 모바일 기기를 통해 이동의 번거로움으로부터 벗어나고 손쉬운 메뉴 검색이 가능해진 소비자들은 요식업 수요를 폭발적으로 증가시켰다. 배달앱 플랫폼은 업주의 주문 접수와 음식 조리, 배달소요 시간을 획기적으로 단축해 줌으로써 공급자와 소비자 간 금전적 회전이 더 빠르게 이뤄지게 했으며 배달원이라는 새로운 취업 시장을 열어주는 효과도 불러왔다.

공정과 상생이라는 공적인 명분은 많은 대한민국 사람의 귀에 정의롭고 따뜻하게 들릴 것이다. 하지만 한국 사회는 매우 쉽게 정의감과 명분에 휩싸여 정작 중요한 가치를 놓치는 경우가 잦았다. 조선은 명나라와의 의리를 좇다가 임진왜란이 할퀸 상처가 치유되기도 전에 두 번의 호란을 겪었다. 정의감이 충만한 채 발휘되는 일상적 간섭은 현재도 한국 사회의 자유라는 가치를 잠식하고 있다.

조선의 북방 단절과
세계 네트워크

■ 조선의 북방 단절과 국가적 위기

사실 세계사에서 조선만큼 충만한 정의감으로 출발
한 나라는 없었다. 살기 위해 남을 쓰러트려야만 하는
전쟁의 소용돌이를 숙명으로 안고 살던 전근대 시기의
국가들 가운데 성리학을 기반으로 한 조선의 건국 철
학은 분명 독보적인 면을 지니고 있었다. 고려 말 귀
족 세력의 수탈과 핍박 속에서 극심한 고통을 호소하
던 백성들은 애민 정신을 통치 이념으로 한 새 왕조의
출현에 반색했다. 조선의 초대 왕인 이성계와 개국 공
신들은 새 왕조의 정당성을 확보하기 위해서라도 지배
계층의 검소함을 미덕으로 삼는 이념을 국가의 지도
방침으로 세울 수밖에 없었다. 또한 이웃 중국의 새로
운 주인으로서 강력한 통일 왕조를 구축하던 명(明)과
안정적 외교 관계를 정착시키기 위해 조선은 국내외적
으로 성리학적 세계관을 바탕으로 한 사회 질서를 표
방하게 되었다.

조선의 출발은 꽤나 이상적이었다. 특히 세종(世宗)이라는 걸출한 군주의 등장은 당시는 물론이거니와 후대의 한반도에도 여러모로 좋은 유산을 남겨주었다. 중앙의 권력이 전국에 미치지 못했던 이전 한반도 왕조와는 달리 조선은 시작부터 착실한 중앙집권의 기틀을 다지면서 안정적인 국가 운영을 국내외적으로 이어갔다. 명나라와의 외교를 특징짓는 조공과 책봉 관계는 조선의 허약한 국력과는 상관없이 동아시아에서의 국가 안보를 안정적인 상태로 유지하는 과정에 도움을 줬다. 500년이 넘는 상당히 오랜 기간에 걸쳐 조선이 국체를 보존할 수 있었던 비결은 명(明)과 청(淸)으로 이어지는 강력한 중국 통일 왕조를 중심으로 한 안정적인 동아시아 정세의 유지와 무관하지 않다.

하지만 자체적인 국력이 바탕이 되지 않았던 평화는 조선을 내부적으로 병들게 했다. 특히 사농공상(士農工商) 중심의 신분제가 유지되었던 조선 사회에서 상공업을 바탕으로 한 경제적 부의 창출을 등한시했던 풍조는 국가 운영에 필요한 재정의 극심한 부족 현상으로 이어졌다. 백성들의 생활 안정을 위해 이전 왕조보다 비교적 적은 세율을 적용했지만, 이는 조선 정부가 고위 관료들에게조차 제대로 된 녹봉을 지급하지 못했던 원인이 되었다. 국가로부터 급여를 받지 못한 관료와 지방 수령들이 조선조 내내 더욱 악랄하고 부패한 방식으로 백성들을 수탈했다는 점에서 유화적인 세금 정책은 본래의 선한 취지마저도 상실했다. 어쨌든 국가의 전체적인 경제력이 부실한 조건에서 이뤄지는 작은 정부의 지향은 국가 운영에 필요한 재원 마련에 장애로 작용했다. 이런 상황에서 조선이 상시적인 관군을 유지할 능력이 있을 리는 만무했다. 그러함에도 불구하고 오랜 기간 유지되었던 동아시아의 평화는 국력 신장에 대한 정책적 고민의 필요성을 제거했다. 그 결과는 모두가 알다시피 두 번의 왜란과 호란이 할퀸 국토의 파괴였다.

그림 8-1. 경주 신라 유적에서 발견된 지중해 로만글라스는 수천 년 전 한반도와 북방의 연결성이 조선보다 활발했음을 보여준다. (출처 : 유튜브 채널 '클래스로그' 캡처 화면)

더 큰 문제는 조선과 비슷한 시기에 이어졌던 중국의 두 통일 왕조(명과 청)가 하나같이 쇄국 체제를 지향했다는 점이다. 명나라와 비교해 청나라는 국제 무역에 있어 다소 활발한 모습을 보이긴 했으나 외부의 문물을 받아들이는 자세에서 상당히 소극적이었다는 사실은 변함이 없다. 유라시아 대륙의 끝자락인 한반도의 지리적 특성상 중국이 실크로드의 무역로를 봉쇄한다면 한반도와 중앙아시아, 유럽 등과의 교류의 맥은 끊어질 수밖에 없었다. 이는 국제 정세에 대한 조선의 감각을 심각하게 훼손하는 요인으로 작용했다. 당(唐)과 송(宋)대의 중국은 활발한 무역 활동을 장려하여 유라시아 대륙 서쪽의 문물이 비교적 자유롭게 한반도를 드나들 수 있는 여건을 제공했다. 경주의 신라 시대 고분에서 발견되던 로마의 유리잔과 중앙아시아의 보검은 1600년 전 유라시아 대륙의 서쪽과 동쪽 끝이 우리의 생각보다 훨씬 긴밀하게 연결되어 있었다는 사실을 보여준다. 과학 기술 발전과 경제성장에 일정한 열망이 존재했다면 조선은 끊어진 대륙의 실크로드를 대신하여 바다를 통한 활발한 무역과 기술 습득을 꾀했을 것이다. 하지만 성리학적 세계관이 외교와 내치를 집어삼켰던 조선 사회의 특성상 이러한 개방성을 기대하기란 어려웠다.

어쩌면 일본은 우리보다 더욱 고립된 지리적 조건을 가졌지만, 사고방식과 세계관에 있어서는 훨씬 개방적이었으며 이는 바다로 둘러싸인 그들의 지리적 폐쇄성을 일정 부분 극복할 수 있게 해주었다. 동시대의 일본이 성리학적 사고방식에서 벗어나 무역과 기술 습득에 실리적인 접근을 추구할 수 있었던 원인으로는 영주들 간의 치열한 전쟁이 거듭된 전국시대의 혼란에서 찾을 수 있다. 당시 영주들은 상대 세력과의 우위를 점하기 위해 어떻게 해서든 영내의 경제와 기술력을 성장시킬 필요가 있었다. 그 결과 그들은 경쟁적으로 포르투갈과 네덜란드의 기술자들을 초청하여 무기를 개발했으며 서양에 존재했던 금융제도를 일찌감치 받아들이면서 상업의 활성화를 꾀했다. 비록 왜란 이후 일본을 제패한 에도막부에 의해 일정 부분 쇄국이 이뤄지기는 했지만, 일본의 세계정세에 대한 이해와 국력 신장, 생산력 향상은 꾸준히 이어졌으며 이는 메이지유신을 통한 근대화의 밑바탕이 되었다. 19세기 중반 일본은 조선보다 2, 3배 많은 인구를 가진 수준이었지만, 두 국가의 재정은 이미 메이지유신을 전후하여 13배의 격차가 존재했다. 우리의 통념처럼 19세기 일본은 조선보다 단순히 수십 년 이른 시기에 개방하여 근대화를 성공시킨 것이 아니라 이미 그 이전부터 수백 년에 걸친 세계 네트워크로의 참여가 있었기에 근대화로의 자체적 이행이 가능했다.

그렇다면 우리는 국가 발전과 사회의 성숙 과정에서 가지는 '연결됨'의 의미에 대해 생각해봐야 한다. 조선 인과 현대의 한국인이 같은 민족적 뿌리를 가짐에도 불구하고 경제력과 사회 발전에 있어 극명한 차이를 보이는 것은 외부세계와의 연결성에서 벌어진 격차에서 원인을 찾을 수 있다. 한반도라는 좁은 땅과 제한된 인구는 경제적, 사회적 발전에 필요한 자연적·인적 자원의 부족을 동반한다. 이러한 결핍은 한반도에서 자체적으로 양산할 수 없는 요소를 외부세계와의 교류를 통해 적극적으로 수혈함으로써 극복할 수밖에 없다. 남북국(통일신라, 발해) 시대까지 육상과 해상 실크로드를 통해 이어졌던 북방과 한반도의 연결성은 고려 시대까지 어느 정도 명맥을 유지했다. 조선은 이러한 연결성을 자의든 타의든 포기함으로써 국제 정세를 외면한 독야청청(獨也青青)의 길을 걸었다. 이러한 행보는 동아시아에서의 고립된 지리적 조건을 통해 정세의 안정을 이끌었을지는 모르겠지만 조선의 국제 감각 유지에는 심각한 장애를 몰고 왔다. 특히 격변의 시기였던 18, 19세기의 조선은 세계적 변화의 흐름에 전혀 대응

　　　　　　　한반도 지정학 프로세스와 문화 허브로의 길

하지 못한 채 국가의 주권을 허무하게 빼앗겨버리고
말았다.

■ 여전한 연결성 개념의 부족

　조선의 500년 동안 묵혀두었던 한민족의 잠재력은
한국전쟁 이후 70년에 걸친 짧은 시기 동안 활짝 꽃피
웠다. 같은 한반도에 살았던 민족임에도 불구하고 이
렇듯 국가적 역량에 있어 극명한 차이를 보이는 원인
은 20세기 중반 이후 한반도와 외부세계의 연결성이
획기적으로 개선된 것에서 찾을 수 있다. 누구나 공유
하듯 한반도는 경제발전을 추구하기에는 열악한 지리
적 조건을 갖추고 있다. 부족한 자원과 시장 규모는
한반도 주변의 강대국들과 비교해 초라하기 짝이 없
다. 그러함에도 불구하고 대한민국은 지난 70년 동안
한반도에 부족했던 자원과 기술력을 외부로부터 적극
적으로 도입하여 놀라운 성과를 보여줬다. 우리는 이
러한 연결성의 차이가 불러온 조선과 대한민국의 운명
적 격차를 인식하고 보다 활발한 세계 시민 의식을 길
러야 하지만 수 세기 동안 조선에 축적되었던 고립감
과 무딘 국제 감각은 여전히 대한민국 사회에 남아 우
리의 발목을 잡고 있다.

최근 넷플릭스 드라마 '오징어게임'의 세계적인 인기를 보면서 많은 한국인은 우리 민족이 가진 문화적 저력을 자랑스러워하고 있다. 하지만 한편으로 한국의 일부 정치인과 언론은 '오징어게임'으로 유발된 경제적 이익을 미국 기업인 넷플릭스만 독차지하고 있다며 이에 대한 개선이 필요함을 주장하고 있다. 여담으로 넷플릭스가 경제적 이익을 독점하고 있다는 주장 자체만 해도 논리적 오류가 존재한다. 어쨌거나 이들의 주장은 문화산업에 존재하는 국제적 생산 네트워크를 이해하지 못한 결과로 풀이될 수 있다. 오징어게임 황동혁 감독이 쓴 시나리오는 지난 10여 년 동안 한국의 투자자를 구할 수 없어 표류하고 있었다. 이러한 상황에서 손을 내민 것은 극본의 잠재력을 높이 평가한 넷플릭스였으며 이들은 감독이 원하는 대로 마음껏 연출할 수 있도록 제작비를 지원하는 것 외에는 촬영 과정에 전혀 관여하지 않았다. 작품이 완성된 이후 오징어게임은 넷플릭스가 구축한 유통망을 통해 전 세계에 동시다발적으로 배급되었으며 드라마의 무시무시한 파급력은 지금 우리가 보고 있는 바와 같다.

이는 물론 한반도의 문화적 역량이 거둔 쾌거라 볼 수 있지만, 이것이 외부 자본과 국제적 배급망을 만나

사진 10. 한국의 연출 능력과 미국 넷플릭스의 제작·유통망이 결합하여 탄생한 드라마 '오징어게임' (출처 : 넷플릭스)

지 못했다면 지금과 같은 신드롬에 가까운 세계적 인기는 얻지 못했을 것이다. 오히려 제작 자체가 성사되지 못했을 수 있다. 이러한 성과는 현대 사회에서 획기적으로 개선된 외부세계와 한반도의 연결성과 함께 이해되어야 한다. 이를 인식하지 못한 채 지속되는 근시안적 비난은 한반도의 문화산업, 더 나아가 대한민국의 사회경제 발전을 위축시키는 결과로 이어질 것이다.

09

북방과의 연결성 회복과
지리적 사고

■ 북방으로 올라간 조선인

문화로 세계인을 기쁘게 하자는 백범 김구 선생의 소
망은 사실 필자에게는 역사 속 인물의 공허한 메아리로
여겨졌다. 십수 년 전만 해도 필자는 우리의 가요와 영
화를 우물 안 개구리의 수준으로 여겨왔지만 이제 한국
의 대중문화 산업은 누구도 무시할 수 없을 만큼 많은
발전과 성과를 거두고 있다. 그러나 여전히 한반도에 남
아있는 세계시민 의식의 결여는 한국인의 잠재력과 역
량을 꽃피우는 과정에 장애물로 작용하고 있다. 우리의
의식적 개방성과 포용적 의식을 함양하는 일은 한반도
의 고립된 지리적 토양을 극복하려는 노력으로부터 이
뤄져야 한다.

국체가 지속된 500년간 조선은 국제 정세에서 큰 존
재감을 드러내지 못했다. 동북아시아의 두 이웃인 중국
과 일본에 비교했을 때 조선의 경제력과 사회문화적 영

그림 9-1. 19세기 말 조선을 방문했던 영국의 지리학자 이사벨라 버드 비숍과 그녀의 저서 『조선과 그 이웃나라들』에 수록된 삽화 (출처 : 위키피디아)

향력은 미미했다. 이에는 여러 가지 원인이 있을 수 있다. 일단 국토의 크기와 기후적 조건을 고려했을 때 전통사회에서 한반도의 농업생산력은 주변국들보다 턱없이 낮았다. 이에 따라 인구 규모도 중국은 말할 것도 없거니와 일본과 비교해도 절반에서 1/3가량 낮은 수준에 머물렀다. 보통 이렇게 작은 규모의 국가가 생존을 위해 취하는 전략은 크게 외교적 수완과 지리적 조건의 활용, 그리고 무역을 통한 경제성장 등이 거론된다. 알프스라는 천혜의 지리적 조건을 무기로 세계대전 중 중립국 지위를 유지했던 스위스나 해상무역을 통해 열강의

반열에 진입했던 네덜란드는 주변의 강대국들 틈에서 효율적인 정책을 구사했던 국가들로 꼽는다. 조선은 앞서 언급했던 세 가지 중 어느 하나도 제대로 된 전략을 구사하지 않았다. 그나마 내세울 만한 중국과의 조공 관계는 그 당시 대륙과 인접한 국가라면 보편적으로 선택했던 지정학적 안전망으로서 조선만의 독특하고 기발한 외교정책은 아니었다. 이러한 가운데 한반도를 지배했던 성리학적 세계관은 실용적이고 현실적인 시각을 배제함으로써 조선의 경제적, 사회적, 문화적 역동성을 훼손했다.

사농공상에 기반한 성리학적 계급관계는 개인의 경제활동을 통한 사유재산 축적과 조선 사회의 기술 발전을 저해했다. 원천적으로 잉여 산물의 축적이 봉쇄된 조선 사회는 자연재해와 기근에 취약했다. 17세기 소빙하기로 인해 도래한 경신대기근은 당시 조선의 1,200만 인구 중 최소 100만 명 이상이 아사하거나 전염병으로 죽는 등 이웃 중국과 일본보다 궤멸적인 인명 피해를 불러왔다. 이런 상황에서도 조선 정부는 청나라 및 주변국으로부터의 곡물 수입을 망설이는 등 실질적인 해결책을 마련하는데 소극적인 자세를 취했다. 당시의 기록을 보면 일반 백성은 물론이고 한양의 사대부들과 궁궐의 왕족마저 극심한 식량 부족과 전염병에 시달렸다는 사실을 알 수 있다.

17세기의 기근으로 인한 국가적 위기는 결국 대규모의 유랑민을 발생시켰으며 이들 중 일부가 만주 등 북방 지역으로 이주하여 정착하기 시작하면서 청나라와의 국경 분쟁을 불러일으켰다. 기상이변과 기근, 그리고 국가적 역량의 부족으로부터 시작된 백성들의 떠돌이 생활은 결국 민간에 의한 북방 개척을 일으켰다는 점에서 의의를 찾을 수 있다. 비록 19세기 청나라와의 간도문제를 촉발한 원인이 되기는 했지만 조선인들의 개척 정신은 대단했다. 본질적으로 열대작물인 벼를 추운 북방 지역에 재배하는 시도는 불가능에 가까울 수 있었으나 조선인들은 필사적인 개간 노력을 통해 벼농사에 성공했다. 청나라의 행정력이 미치지 않았던 토지를 중심으로 경작지를 넓혀갔던 조선인들은 조선 정부로부터의 간섭과 계급 제도로부터 자유로웠다. 이는 자유로운 잉여 작물의 산출과 사유재산 축적으로 이어졌으며 북방의 조선인은 한반도에 남은 조선인들과는 사뭇 다른 삶의 태도를 보여주기 시작했다.

19세기 말 조선을 방문했던 영국의 지리학자 이사벨라 버드 비숍(Isabella Bird Bishop)은 같은 민족임에도 불구하고 만주와 한반도의 조선인 사이에서 발견됐던 근면함과 주체성의 차이에 놀라워했다. 비숍이 목격했

던 조선의 백성들은 아침 일찍 농사 일과를 끝내면 해
가 질 때까지 낮잠이나 잡담으로 시간을 허비했다. 반
면 만주의 조선인은 종일 이어진 근면한 노동을 통해
재산을 축적했으며 부농 집단으로 발전했다. 이러한 차
이의 원인으로 비숍은 조선을 지배한 성리학적 계급관
계와 부패한 탐관오리의 수탈을 꼽았다. 제도적 관습과
유교적 검소함의 강제로 인해 사유재산의 축적이 원천
적으로 봉쇄되었던 조선의 산업 생태계는 구조적으로
침체할 수밖에 없었다. 반면 성리학적 질서와 관습적 병
폐로부터 자유로웠던 만주 지역에서 조선인은 생전 처
음 재산 축적의 즐거움을 맛보게 되었으며 이는 한반도
에 팽배했던 노예근성을 근절하고 주체적 삶의 의지를
발휘하게 한 원인이 되었다.

■ 폐쇄적 지리가 불러온 원리주의적 병폐

조선 시대에 이어 여전히 한반도는 북한이라는 폐쇄
정책을 추구하는 정치 집단으로 인해 대륙으로부터 고
립된 지리적 조건을 유지하고 있다. 일상적이고 반복적
인 차원에서 외부 집단과의 교류가 일어나지 않는 상황
은 한반도 사람들의 사고방식마저도 정체되거나 고립된
상황으로 몰아간다. 역사적으로 한반도에 흘러들어온

외국의 철학 체계나 이데올로기는 더욱 원리주의적으로 흐르는 경향을 보여왔다. 이는 외부 세력과의 일상적 교류가 부진한 상황에서 한반도에 정착한 사상이 변태적 진화를 거듭하기 때문이다. 조선을 지배했던 성리학적 세계관도 이와 마찬가지의 차원에서 이해될 수 있다. 어떠한 학문적 이상향이나 가치도 현실을 외면할 수는 없다. 성리학의 발원지였던 중국마저도 조선만큼 유교적 관습이 모든 가치에 우선하지는 않았다. 죽은 왕족의 제례 절차에서 상복을 어떻게 입어야 하는지를 두고 첨예한 대립이 벌어졌던 예송논쟁은 조선의 유교적 관습이 국가적 에너지를 갉아먹은 대표적 사례로 거론된다. 비록 혹자는 이의 본질이 단순한 예절 논쟁이 아닌 효종의 정통성과 관련한 정파 싸움의 차원으로 해석하기도 하나 성리학적 절차 문제로 인해 국력 소진이 지속되었다는 본질에는 변함이 없다.

지리적 폐쇄성이 이데올로기의 고립과 변태적 진화로 이어지는 과정은 비단 조선만이 아닌 현재의 한반도에서도 발견되는 현상이다. 제2차 세계대전 이후 세계 각지에 정착한 공산주의는 평등이라는 비현실적 가치 추구의 모순을 거듭하다 1990년대 이후 대부분 무너졌지만, 북한은 주체사상과의 결합을 통해 폐쇄적인 경제 체제를 유지하고 있다. 비록 현재의 북한이 과연 순수한 공산주의 체제를 유지하고 있는지는 논외의 사항이지만 말이다. 북한뿐만 아니라 대한민국도 정신적 가치의 폐쇄적이고 갈라파고스적인 진화로부터 자유롭지 않다. 한국만의 독특한 사회 현상으로 인식되는 종교적 원리주의와 올바름에 대한 맹목적 집착, 공정과 상생 및 정의로 포장된 사회주의 가치의 침투는 정신적 가치의 본질적 논의는 빠진 채 형식에만 치중하는 변태적 진화의 단면을 보여준다.

이데올로기적 이상향을 추구하는 과정은 현실에의 적용과 타협을 통해 완성된다. 세상을 보다 이롭게 하고자 하는 철학 사상이 현실을 외면한 채 오히려 실제적 삶에 부담으로 작용한다면 사상의 실천적 방향성에 전면적 수정이 불가피하다. 이상에 빠진 잣대가 삶의 절대적 기준으로 군림할 때 빠질 수 있는 병폐를 우리는 조선 사회에서 발견할 수 있었다. 조선 후기 청나라의 대륙 문물을 접한 조선인이 당시의 정치 담론에 주도권을 쥐었다면 상황이 달라졌겠지만 불행히도 조선의 국운은 이를 허락하지 않았다. 외국과의 제한된 교류에서 성리학적 세계관에 빠졌던 조선의 정치인들은 청나라와 일본의 발전된 모습을 목격하고도 애써

오랑캐의 천박한 문화라며 정신승리적인 행태를 보여 줬다. 이렇듯 나와 다른 존재와의 교류가 부족한 상황에서 지속되는 지리적 고립은 생각의 폐쇄성과도 연결된다. 현재의 대한민국 사회에서 살며시 고개를 들고 있는 문화적 검열주의와 정치적 올바름에 기반한 시민 독재의 흐름은 외부와의 일상적 교류가 단절된 한반도의 지리적 조건에서 더욱 기승을 부릴 가능성이 점쳐진다.

지리적 폐쇄성은 의식적 차원에서의 개방적이고 포용적인 자세를 통해 극복되어야 한다. 조선 시대부터 이어져 온 외부 세력에 대한 무관심과 몰이해는 도요토미 히데요시에 대한 조선 사신의 오판과 부정적 평가에서 잘 반영된다. 이로 인한 결과는 일본의 침입에 대한 초기 대응의 실패와 국토의 유린으로 연결되었다. 현대 사회에도 여전히 이어지고 있는 외부 문화에 대한 한국인의 무관심은 북방 정책과 같은 장기적 외교의 방향성을 흐트리고 이의 본질적 성과를 기대치 못하도록 한다. 최근 몇 년 동안 대한민국 외교 정책이 처해있는 국제적 고립과 세계열강으로부터의 외면은 이러한 지리적 폐쇄성을 극복하려는 의식적 노력의 부재와 국내 정치인들의 이상향만을 좇는 행태로부터 비롯된 결과이다.

세계 시민의식의 계발과 북방 지역과의 협력을 통한 동반 성장의 추구는 결국 수박겉핥기식의 외국 체험에 만족하는 것이 아닌 우리 사회 전반의 해외 문화에 대한 이해와 지리적 탐사의 사고방식을 추구하는 것으로부터 시작되어야 할 것이다.

■ 일상적 차원에서의 지리적 관심과 문화발전

시선의 스케일을 조금 더 좁혀 우리는 일상적 차원에서 발견되는 지리적 무관심과 문화발전의 계기에 대해 생각해볼 필요가 있다. 최근 유튜브에 범람하는 '국뽕' 콘텐츠들은 현재 자국에 대한 국민들의 대단한 자부심을 반영한다. 1992년 세계적 보이밴드 '뉴키즈온더블록(New Kids on the Block, NKOTB)'의 내한공연에 열광하면서 28년 뒤 한국의 아이돌 그룹 방탄소년단(BTS)이 빌보드 핫 100 차트 1위를 달성하고 전 세계적인 인기를 얻으리라고 예상한 소녀팬은 아무도 없었을 것이다. 급격한 경제성장에도 불구하고 여전히 글로벌 사회에서 문화적 주류로 발돋움하지 못한 '8-90년대의 한국인들에게 지금 경험하고 있는 성과들은 그야말로 격세지감을 방불케하는 현상일 것이다.

하지만 이 시점에서 우리는 대한민국의 문화적 현주

소를 냉정한 눈으로 돌아봐야 한다. 엄밀히 말하자면 현재 한국은 BTS와 오징어게임의 인기에 취해 한국의 문화적 저변 문제를 깊게 고민하지 않고 있다. 분명 대중문화 상품이 한국에 대한 국제적 관심을 상승시키는 데 기여한다는 사실은 변함이 없다. 이는 자연스럽게 한국으로의 방문으로 이어지기 마련인데 문제는 여기서부터 발생한다. 지난 2012년 세계 음악시장을 강타한 싸이의 '강남스타일' 이후 '강남'이라는 지명은 세계인들에게 깊이 각인된 채 많은 궁금증을 불러일으키는 장소로 회자되었다. 이와 관련하여 미국 CNN과 NBC방송은 강남의 여러 거리와 여행 정보를 소개하는 코너를 마련하기도 했다. 이후 강남구청은 싸이의 히트곡 '강남스타일'을 연상시킬 수 있는 조각상을 삼성동 코엑스 전시장 앞에 설치하는 등의 정책을 통해 노래와 함께 형성된 국제적 지명도와 장소 정체성을 관내에 연착륙 시키려는 노력을 기울여왔다. 하지만 정작 강남을 방문한 많은 외국인들은 노래를 통해 마음속에 품었던 해당 지역의 이미지와 실제 장소적 성격과의 괴리가 존재한다는 사실을 깨달았다. 막상 대중문화 상품 외에 해외 방문객들에게 자신있게 소개할 수 있는 일상적 영역에서의 문화유산이 부재하다는 현실은 우리의 문화적 내실이 생각보다

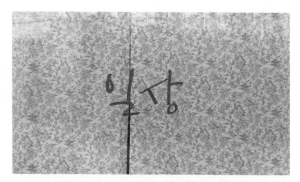

그림 8-2. 서울 이문동 골목 커피집에 붙은 '일상'이라는 문구. 현대적 삶에서 일상의 소중함을 인식하는 젊은 세대들의 '소확행' 가치가 고스란히 담겨있는 인테리어다.
(출처 : 필자촬영)

빈약한 상태로 머물러 왔음을 알 수 있다.

이러한 측면에서 봤을 때 일상적 영역에서 우리는 어떤 가치를 비중있게 여기며 살고 있는지를 점검할 필요가 있다. 요즘 SNS를 즐기는 젊은 세대들은 '소확행(소소하지만 확실한 행복)'으로 대표되는, 일상의 소중함을 누리는 삶을 중요한 가치로 여긴다. 이는 소소하고 반복적인 일상을 어떻게 살아가느냐가 한 존재의 행복을 결정하는 중요한 요소로 작용함을 의미한다. 이렇듯 보잘것 없어 보이는 일상적 영역을 어떻게 꾸려가느냐는 개인의 존재와 집단적 사회가 나아가야 할 커다란 방향을 설정하고 그들의 궁극적 운명까지도 결정짓게 한다.

일상적 영역이 가지는 심오함은 문화를 다루는 측면에서도 중요하다. 우리의 삶은 그동안 표준화된 산업 체제 속에서 일정한 규격에 따라 조직되어 왔다. 특히 한국은 빈곤을 이겨나가는 과정에서 급격한 산업화를 겪게 되었고 그에 따라 국민들의 삶은 일상적 문화라는 가치를 자연스럽게 배제하는 방향으로 영위되었다. 이러한 과정에서 우리의 일상 속 문화에 대한 갈증은 대중문화 산업의 화려함이 빈자리를 메워주었으며 지금까지는 대외적으로 그럴듯한 성과까지도 얻게 되었다. 하지만 결과적으로 겉은 화려하고 속은 크게 내세울 것 없는 문화적 형태가 일상 공간을 지배하게 되었으며 이는 한국 전체의 문화적 색채와 내공을 희미하게 만드는 현상을 낳게 하였다. 아마도 외국인들이 한국 관광에서 느끼는 공허함은 이로부터 비롯되는 감정일 가능성이 크다.

문제가 우리의 일상에 존재한다면 이에 대한 해답을 제공하는 것도 일상으로부터 시작해야 할 것이다. 그리고 그 소재가 되는 것은 한국의 문화유산을, 그것이 과거로부터 전해졌든 현대적 환경에서 형성되었든, 우리의 일상 영역에서 가깝게 접근하도록 하는 지리적 실천이다. 이러한 과정에서 필요한 작업은 문화유산에 대한 확실한 정의를 제공하는 것과 현대적 일상의 삶에서 적용 가능한 문화유산의 범주를 설정하는 것, 그리고 그것들을 구체적으로 일상에서 실현시킬 수 있는 방법들을 제시하는 것이다. 이는 궁극적으로 대중문화의 엘리트성과 일상 문화의 간극을 메우고 전반적인 국가 문화의 내실을 다지는 작업을 통해 한국의 문화적 색채를 분명히 하는 목적으로 이어져야 할 것이다.

10

글을 마치며

한반도에 살아가는 사람들의 재능은 현재 여러 분야에서 세계적으로 두각을 드러내고 있다. 경제 원조를 받던 가난한 나라가 세계 10위의 경제력과 글로벌 스케일에서의 스타를 배출하기까지는 결코 쉬운 여정이 아니었다. 이러한 성과가 해방 이후 반세기에 걸친 짧은 기간에 이뤄졌다는 점은 더욱 놀라운 일이다. 하지만 이의 원동력을 분석하고 더욱 추진력을 얻어야 하는 시점에서 한국 사회는 빠른 속도로 사회경제적 활력을 잃어가고 있다. 이는 그동안 한국의 성장을 이끌었던 자유의 가치와 세계 네트워크로의 연결성이 여러모로 퇴색하는 흐름과 무관하지 않다. 이를 극복하고 다시금 사회, 경제, 문화적 발전의 추진력을 가동하는 일은 향후 통일 완수와 북방 협력의 강화, 나아가 문화 허브로서의 한반도를 구축하기 위해 반드시 이뤄져야 한다.

　영화와 드라마, 대중음악의 세계적 인기 속에 한국

에 대한 세계인의 관심은 날이 갈수록 증가하고 있다. 사실 한반도의 고립된 지정학적 여건과 부족한 사회문화적 인프라를 고려했을 때 이는 기적과 같은 성과라고 볼 수 있다. 한국 문화의 세계적인 확산과 인기에 취한 한국 사회는 이러한 문화발전이 안정적으로 가능할 수 있었던 원인을 되새겨야 할 것이다. 세계적인 열강에 둘러싸인 동아시아의 불안한 정세 속에서 한반도는 과거의 가난했던 굴레를 벗어나지 못했을 수 있다. 그러함에도 불구하고 한국전쟁 이후 자유 진영으로의 편입 속에 안정적인 안보 망을 구축했던 과정은 한국인이 가지고 있었던 남다른 재능을 활짝 꽃피울 수 있게 해주었다. 우리는 이러한 지정학적 세팅이 불러온 대한민국의 사회, 문화, 경제적 발전을 이어가면서 후대의 한반도가 문화 허브로서 기능을 강화할 수 있는 기초를 닦아야 할 것이다. 한반도의 문화적 역할에 대한 백범 김구 선생의 꿈은 여전히 긴 여정을 향해 나아가고 있다.